한식, 우주를 담은 밥상

한식, 우주를 담은 밥상

초판 1쇄 발행 2012년 3월 10일
초판 5쇄 발행 2020년 6월 5일

글쓴이 김하은
그린이 김언희
펴낸이 김사라
펴낸곳 해와나무
편집 현민경, 한유경, 임선아
디자인 김선미
마케팅 이택수
출판 등록 2004년 2월 14일 제312-2004-000006호
주소 서울특별시 영등포구 양산로23길 17 2층
전화 (02)362-0938, 7675
팩스 (02)312-7675
ISBN 978-89-6268-088-1 74380
    978-89-6268-037-9 (세트)

ⓒ 김하은, 김언희 2012

* 값은 뒤표지에 있습니다.
* 책 내용의 일부 또는 전부를 인용하거나 발췌하려면 반드시 저작권자와 출판사 양측의 서면 동의를 구해야 합니다.

제조자명: 해와나무 **제조국명**: 대한민국 **제조년월**: 2020년 6월 5일 **대상 연령**: 8세 이상
전화번호: 02-362-0938 **주소**: 서울특별시 영등포구 양산로23길 17 2층
*KC마크는 이 제품이 공통안전기준에 적합하였음을 의미합니다.
주의: 책의 모서리에 다치지 않게 주의하세요.

김하은 글 | 김언희 그림 | 주영하 감수

해와나무

차례

양념과 상차림

처음 차리는 밥상　8
- 쫄기의 요리 수첩 ❶
- 애니의 비밀 요리 달걀찜

제철 음식

자연이 숨 쉬는 밥상　34
- 쫄기의 요리 수첩 ❷
- 애니의 비밀 요리 연근정과

맛있는 두릅~

나물

사시사철 먹는 비타민 밥상　56
- 쫄기의 요리 수첩 ❸
- 애니의 비밀 요리 봄동 겉절이

발효 음식

시간이 감춰진 밥상　76
- 쫄기의 요리 수첩 ❹
- 애니의 비밀 요리 장떡

우주를 담은 밥상　102
- 쫄기의 요리 수첩 ❺　　• 애니의 비밀 요리　경단

> 고명

> 오~ 우주의 맛을 담고 있다니! 한식, 최고!

버리는 게 없는 다과상　122
- 쫄기의 요리 수첩 ❻　　• 애니의 비밀 요리　곶감쌈

> 다과

사랑을 속삭이는 우리 밥상　144
- 애니의 블로그　궁중 음식 기능 보유자, 한복려 / 비빔밥 햄버거 / 뉴욕의 한식당, 단지 / 소금 장인 박성춘 / 된장 장인 정두화 / 식초 장인 구관모 / 풀무원 김치 박물관 / 떡 박물관 / 한국조리과학고등학교　　• 쫄기의 요리 수첩 ❼　　• 애니의 비밀 요리　가래떡 피자

> 한식의 오늘

주영하 선생님이 들려주는 한식 이야기
역사 속의 요리책을 찾아서　182

> 쫄기야, 너 말고도 요리책이 또 있나 봐.

등장인물

소윤
역시 연근정과랑 도라지정과는 달고 맛있어. 그래도 예전처럼 많이 먹지는 않아. 친구 쫄기가 복숭아꽃이랑 두릅 먹는 법을 알려 줬거든.

애니
내가 가장 좋아하는 음식은 햄버거랑 콜라야. 날마다 먹었으면 좋겠어. 질기고 쓴 나물 반찬 같은 건 질색이라고. 낡은 수첩에서 나와 옛날 주인들 이야기만 해 대는 맛도깨비, 너! 좀 비켜 줄래?

쫄기
수첩에 갇혀 500년을 넘게 산 맛도깨비야. 여기 있는 사람들이 그동안 내가 만난 주인들이지. 다들 이 요리 수첩에 특별한 이야기를 담았다고. 즉석식품이랑 불량식품을 입에 달고 사는 애니는 뭘 적을 수 있으려나?

수영
갓 시집온 새댁이야. 아직은 제대로 된 음식을 만들지 못하지만, 밥상의 기본을 찾으라는 어머니 말씀처럼 나만의 기본을 찾기 위해 애쓰고 있어. 근데 우선 이 콩나물무침 간을 맞추는 게 문제네.

영규
앓아누운 어머니를 위해 푸새랑 남새를 따다 말려요. 산에서 송이버섯도 땄는데 옆집 보배 아가씨한테 절반을 주었어요. 다른 마음이 있어서 그런 건 아니에요. 절대로요!

경주
일본 군인들이 내 이름을 일본 이름으로 바꾸라고 하고, 우리 아버지도 독립군이라며 잡아갔어요. 너무 슬픈 날이었지만 그날의 다과상은 최고였어요.

이천댁
자기네 나라가 최고라며 우리를 무시하던 양인 제임스의 코를 납작하게 눌러 줬어. 모두가 이 신선로 덕분이지.

남희
어머니는 날더러 골칫덩이라지만, 나는 궁금한 게 많은 것뿐이야. 왜 딤채에 이 빨간 고초를 갈아 넣는지 도대체 이해가 안 가. 에에에, 에취! 봐, 이렇게 매운데 말이야.

애니는 콧김을 씩씩 내뿜었다. 엄마는 햄버거와 콜라를 먹고 싶다는 애니 말을 못 들은 척했다. 엊저녁에 할머니 제사를 치르고 남은 음식이 아직도 많다고만 했다. 애니는 어제 먹은 음식들을 떠올렸다. 동태전과 간장에 조린 고기는 참을 만했다. 하지만 나물의 쓴맛과 질긴 감촉은 정말 싫었다. 오늘까지 그 맛없는 음식을 먹어야 한다니 고문이 따로 없었다.

애니는 냉장고 문을 열었다. 나물이 든 반찬 통이 차곡차곡 쌓여 있었다. 나물 반찬으로 꽉 찬 냉장고를 본 애니는 심술을 부리며 냉장고 문을 쾅 닫았다. 그때였다. 냉장고 위에서 무언가 떨어져 애니 머리를 정확하게 맞혔다. 애니는 깜짝 놀라 "앗!" 하며 머리를 감쌌다. 냉장고 위에서 떨어진 건 엄마가 무척 아끼는 낡은 수첩이었다. 화가 난 애니는 수첩을 발로 뻥 찼다.

"하지 마! 아프단 말이야."

애니는 깜짝 놀라 주위를 둘러보았다. 하지만 부엌에는 애니밖에 없었다.

"누…… 누구야?"

그러자 수첩에서 뭉게뭉게 연기가 나기 시작했다. 연기는 한 덩어리로 뭉쳐지더니 기다랗고 흰 절편 모양으로 변했다. 곧이어 얼굴이 나타났다. 눈은 검은 콩, 코는 잣, 입은 대추, 귀는 수제비 반죽같이 생긴 이상한 얼굴이었다.

"안녕? 나는 맛도깨비 쫄기야."

"도, 도깨비?"

애니는 조심스레 되물었다.

"그래. 이 수첩에 깃들어 살아. 근데 손애니! 너 이 수첩이 어떤 수첩인지 알기나 해? 그렇게 발로 툭툭 찰 만큼 하찮은 물건 아니거든. 네가 수첩 주인이 될 사람만 아니면 된통 혼냈을 텐데……."

느닷없이 자기더러 수첩 주인이 될 거라니, 애니는 기가 막혔다.

"쳇, 낡아 빠진 수첩을 누가 가진대?"

그러자 쫄기가 펄쩍 뛰었다.

"낡아 빠진 수첩이라고? 내가 오백 년 동안 이 수첩을 지키느라 얼마나 힘들었는데! 너희 조상 대대로 내려오는 귀한 수첩이라고."

애니는 심드렁하게 대꾸했다.

"후진 수첩이니까 너 같은 귀신이 붙었겠지."

"귀신 아니야. 맛도깨비라니까!"

쭈욱! 화가 난 쫄기가 가래떡처럼 몸을 길게 늘였다. 애니는 피식 웃었다. 처음에는 무서웠는데, 하는 행동을 보니 무섭다기보다 귀여웠다.

쫄기는 반원 모양으로 몸을 구부린 채 한동안 가만히 있었다. 그러더니 갑자기 몸을 펴며 푸하하 웃었다.

"하기야 너는 수첩 주인이 될 자격이 없기는 하지. 기껏 만든 음식을 소 닭 보듯 하지, 달달한 음식만 먹지, 수첩을 발로 차지, 뭐 하나 마음에 드는 게 없어."

애니는 발끈해서 대들었다.

"입에 맞아야 먹지! 엄마가 늘 말하는, 몸에 좋은 음식들은 다 맛이 없어. 나는 애니니까, 이름에 걸맞게 햄버거처럼 세계적인 음식을 먹어야 해."

그러자 쫄기가 아까보다 더 크게 웃었다.

"하하하. 세계적? 네 이름은 '사랑을 속삭인다는 뜻'이잖아. 할아버지가 며칠 동안 고민해서 지은 이름을 외국 이름인 것처럼 속이기나 하고. 쯧!"

애니는 깜짝 놀랐다. 애니 이름은 언뜻 들으면 외국 이름 같지만, '사랑 애'와 '속삭일 니'라는 한자를 쓴 이름이었다. 애니는 쫄기가 자기를 속속들이 알고 있다고 느꼈다.

쫄기가 비아냥거리며 말을 이었다.

"이럴 바에는 너 대신 네 동생이 수첩

주인이 되는 게 낫지."

애니가 버럭 화를 냈다.

"내 동생? 그럼 내가 창렬이보다 못하단 말이야?"

"당연하지. 네가 주인이 되면 수첩을 엉망으로 만들 거야. 그럼 오백 년을 지켜 온 내 체면도 말이 아니지."

애니는 수첩을 노려보았다. 겉표지가 나달나달하고 곰팡이 냄새도 나는 듯한 수첩이 도무지 마음에 들지 않았다. 하지만 자기 대신 창렬이가 수첩을 가진다니, 자존심이 팍 상했다.

"대체 어떻게 오백 년 동안이나 수첩에서 살게 된 건데?"

애니가 한 발 물러서자 쫄기의 목소리도 한결 부드러워졌다.

"내가 잔치 음식을 잔뜩 먹고 닥나무에 들어가 잠이 들었거든. 그런데 내가 쿨쿨 자는 사이에 그 닥나무가 종이로 만들어진 거야. 알지? 한지는 닥나무로 만들잖아. 맛도깨비가 깃든 곳이 변하면 그 맛도깨비는 무려 오백 년 동안 그곳을 떠날 수 없어. 다행히 나를 수첩으로 만들어 준 사람 덕분에 오백 년 동안 이 수첩에 깃들어 살고 있지."

"결국 식탐 부리다가 나무가 종이가 되는지도 모르고 곯아떨어진 거네. 흥! 그러면 그렇지. 너 같은 식탐 도깨비가 들러붙은 수첩, 나도 사양이거든?"

애니는 동생 창렬이랑 비교당한 걸 되갚기라도 하듯 심술을 부렸다.

"그럼 내가 지금부터 이야기를 해 줄게. 다 듣고 나서 수첩 주인이 될지 말지 결정해. 너네 엄마도 지금 고민하고 있거든. 이 수첩을 너한테 줄지 말지……."

종이가 된 나는 지물포(종이를 파는 가게)에서 날마다 울면서 시간을 보냈어. 오백 년 동안 종이 속에 갇혀 살아야 하다니! 이왕에 종이가 됐으니 그나마 책이 되는 게 가장 좋은데, 그게 마음대로 되어야 말이지.

'누군가 이 종이를 북 찢어서 변소에 가져간다면…… 볼일을 보고 이걸로 엉덩이를 닦는다면……. 으악, 냄새!'

어찌나 끔찍한 생각만 들던지!

그 무렵 사람들은 모이기만 하면 수군거렸어. '고려'가 망하고 '조선'이라는 새 나라가 들어섰다고. 지물포는 임금님이 사시는 도읍지인 개경(지금의 개성)에 있었는데 도읍지도 바뀐다지 뭐야. 조선의 새 도읍지는 한양(지금의 서울)이 될 거랬어.

그러던 어느 날, 어떤 부인이 내가 깃들어 있는 종이를 샀어. 종이를 쓰다듬는 손길이 아주 따뜻했어. 왠지 좋은 일이 생길 것 같더라고.

그 집 탁자에 놓인 나는 방 안을 휘휘 둘러보았어. 청자로 만든 의자며 청자 꽃병, 청자 연적(벼루에 먹을 갈 때 쓰려고 물을 담아 두는 그릇)들이 잘 정리되어 있었지. 햇살이 환하게 잘 들어와 마음이 편안해지는 방이었어.

그때 갑자기 종이를 산 아주머니가 울기 시작했어. 아주머니는 한참을 울다 종이를 어루만졌어. 아주머니 손끝에서 참기름 냄새가 솔솔 풍겼어. 나는 참기름을 정말 좋아해. 내가 좋아하는 참기름 냄새를 풍기는 사람이니, 아주머니도 분명히 좋은 사람일 거라고 생각했어. 그래서 아주머니한테 매달려 보기로 했지.

'요호 요호! 아주머니, 나를 살려 주세요. 오백 년은 거뜬히 살아남을 수 있으면 더 좋고요. 짠맛 쓴맛 신맛 단맛 매운맛 모두 모은 맛!'

온 정성을 모아 마음속으로 맛도깨비 주문을 외웠어.

그러자 흑흑 흐느끼던 아주머니가 눈물을 닦고 종이를 쓰다듬었어.

"그래, 그러면 되겠다. 네가 내 대신 우리 수영이 옆에 있어다오."

얼씨구! 어찌나 좋았던지 그만 종이 밖으로 튀어 나갈 뻔했어.

아주머니는 종이를 쓱쓱 자르기 시작했어. 날카로운 가위가 몸을 가르고 들어오는 것만 같아서 요리조리 피하느라 정신이 없었지. 자른 종이는 송곳으로 꾹꾹 찌르고, 단단한 종이를 덧붙이고, 비단을 풀로 붙여 감싸고, 끈으로 묶었어. 후유, 나는 간신히 살아남았다 싶어 한숨을 쉬었지.

그런데 뭔가 이상해. 끈으로 묶어 한 장, 한 장 넘길 수 있게 한 건 책하고 똑같아. 하지만 손바닥 안에 쏙 들어갈 만큼 폭이 좁고, 길이도 책의 절반밖에 되질 않아. 걱정이 점점 커졌어. 이렇게 작은 책이라면 쉽게 잃어

버릴 수도 있고, 다른 책 틈에 끼어 어디 있는지 영영 못 찾을 수도 있잖아.

아주머니는 첫 장을 펴서 쓱쓱 글씨를 썼어. 어찌나 간지럽던지 두 글자로 끝나지 않았다면 웃다가 들켰을지도 몰라.

그때, 방문이 스르르 열리고 예쁜 큰아기(다 큰 처녀를 이르는 말)가 들어왔어. 큰아기 눈가도 불그스름했지.

"수영아! 박혁주 어르신 댁 도령이랑 너랑, 어릴 때부터 혼인을 약속한 사이라는 건 알고 있지?"

"네."

"그 댁이 다음 달 말에 한양으로 옮겨 간다더라. 너도 함께 보낸다고 약속했다."

"하지만 어머니! 다른 이들은 모두 혼례를 치르고도 신부 집에서 지내는데 어째서……."

고려 때는 혼인을 하면 대부분 신부 집에 들어와 살았거든. 아이를 낳고도 신부 집에서 함께 지내다가 나중에 살림을 따로 내는 경우가 많았어.

아주머니는 아무 말 없이 방금 전에 만든 책을 수영이 손에 쥐어 주었어. 수영이는 나를 이리저리 쓰다듬었어. 보드라운 손길에 희미하게 참기름 냄새가 났어.

"약밥 맛은 어떠하더냐?"

옳지! 이 아주머니가 딸한테 약밥을 해 줬나 봐. 약밥은 찹쌀밥에 꿀과 간장으로 간하고, 밤과 대추를 넣어 참기름을 묻혀 찌는 밥이야. 그러니 만든 사람과 먹은 사람 둘 다 손에서 참기름 냄새가 솔솔 풍길 수밖에.

"좋았어요. 그리고 맥적도 훌륭했어요. 콩나물무침도 맛났고요."

쓰읍, 자꾸 침이 넘어갔어. 맥적을 먹은 걸 보면 대단한 밥상을 받았나 봐. 옛날에는 잔칫날이나 귀한 손님이 왔을 때, 아니면 명절 때나 되어야 고기를 먹을 수 있었거든. 돼지고기를 잘 손질해서 장에 재웠다가 숯불에 굽는 맥적. 아, 정말 먹고 싶다.

"내가 차려 주는 마지막 생일상이잖니. 이제 너는 고려 사람이 아니라 조선 사람으로 살아야 하니……."

벽에 걸린 관복은 수영이 아버지가 고려의 관리였음을 짐작하게 했어. 고려가 망하고 조선이 새로 들어섰으니, 고려 관리는 아무것도 할 수 없었지. 게다가 수영이 남편이 될 사람은 한양으로 옮겨가 자리를 잡을 모양이야.

식구들이 뿔뿔이 흩어져야 하는 상황에 내 마음까지 짜르르 아팠어.

수영이는 후두둑 눈물을 떨어뜨렸지.

"그런데 이 수첩은……."

수첩? 그때 내가 수첩으로 변했다는 걸 알았어. 수영이는 조심스레 첫 장을 넘겼어.

"기본(基本)?"

조금 전에 아주머니가 쓴 글자였어.

"그래, 기본. 너는 혼례를 치르면 낯선 곳으로 가서 네 집안을 꾸려야 해. 모든 것이 힘들고 어려울 게다. 개경하고 많이 다를 게야. 하지만 어떤 일을 마주하더라도 기본을 잘 지킨다면 문제없단다. 음식은 말할 것도 없지. 이것은 내가 네게 주는 음식 수첩이다."

"음식 수첩이라고요?"

"그렇단다."

수영이가 아주머니 쪽으로 바짝 몸을 숙였어.

"그럼 기본을 알려 주셔야지요."

아주머니가 고개를 가로저었어.

"이제 그 수첩을 채우는 건 네 몫이다. 네가 먹었던 음식의 맛을 떠올려 보렴. 그 맛을 어떻게 낼 것인가 고민하고, 스스로 기본에 대해 알아내야 한다."

"하지만 그래도……."

"물론 쉽지 않겠지. 몇 시간을 들여 만들어도 금방 없어지는 게 음식이잖니. 그런데 말이다. 어떤 음식은 입으로 들어가고, 어떤 음식은 상에 남는단다. 음식이 상에 많이 남을수록 가족들이 점점 기운을 잃더구나. 내가 해 줄 수 있는 말은 이게 다란다."

수영이가 벌떡 일어나 아주머니를 꼭 끌어안았어.

"사랑한다, 장수영."

"저도요, 어머니."

웬만하면 내가 끼어들지 않으려고 했어. 수영이가 만드는 음식이 죽이 되든 밥이 되든 참견하지 않으려 했지. 그런데 도저히 참을 수가 없었어. 수영이가 처음 부엌에 들어간 날, 아침은 점심때가 다 되어서야 먹을 수 있었어. 저녁상을 낼 때는 더 늦었지. 밥상을 기다리던 식구 몇은 꾸벅꾸벅 졸았어. 그 정도면 다른 사람의 도움을 받을 만한데, 수영이는 한사코 자기가 하겠다고 고집을 부렸어.

첫날은 밥상에 국이 빠졌어. 밥을 짓는 데 시간을 다 썼거든. 밥상에 밥, 국, 반찬은 기본 중의 기본이잖아. 참 답답하더라고.

사흘째 국도 찌개도 없는 밥상을 받은 식구들은 가만히 숟가락을 내려놓거나, 물에 밥을 말아 먹었어. 사실 우리 밥상에서 국이나 찌개는 빠질 수 없지. 물이 맑고 깨끗한 땅에서 살던 우리나라 사람들이 국물이 있는 음식을 즐겼던 건 당연해. 게다가 온갖 재료를 한 그릇에 다 담을 수 있으니 국과 찌개만큼 좋은 음식이 어디 있으려고.

이런 중요한 기본이 빠진 밥상이니, 그 밥상을 받는 사람들은 얼마나 기가 막혔겠어.

수영이도 무척 힘들어했어.

"기본을 찾기는커녕 밥상 하나 차리기도 이리 힘드니 앞으로 어찌 할까. 게다가 상에 올린 음식들이 이렇게 많이 남다니……."

결국 내가 나섰어. 수첩 속에서 오백 년을 버텨야 하니 별수가 없었어. 그대로 가다가는 빈 수첩으로 버려지게 생겼으니까.

"첫 번째 기본은 밥, 반찬 그리고 국이나 찌개!"

쌀을 씻던 수영이가 흠칫 놀랐어.

"누구세요?"

나는 대답하지 않고 한 번 더 힘주어 말했어.

"쌀 씻고 불리는 동안 국이나 찌개부터 하라고!"

수영이는 부엌 문밖을 내다보았어. 때마침 집안일을 돕는 아주머니가 지나가고 있었어. 그 아주머니가 한 말인 줄 알고 빙그레 웃었지.

수영이는 쌀을 씻고 불리는 동안 된장국을 끓였어.

나흘만에 국이 오른 밥상을 받은 식구들은 그 맛이 어떻든 기분 좋게 밥그릇을 싹 비웠어.

국을 끓이는 데 성공한 수영이는 날마다 어떤 국을 끓일까 고민하며 국거리를 장만하느라 애썼지. 그런데 수영이는 무슨 음식을 할지 아무 생각이 없는 사람처럼 이것저것 벌려 놓는 데 선수였어. 게다가 음식은 젓가락을 대기 민망할 정도로 맛이 없었지. 수영이는 음식 맛이 좋지 않다는 걸 알았지만, 어떻게 고쳐야 할지 감을 못 잡았어. 제대로 할 줄은 모르면서 고집만 세서, 도와주겠다는 시어머니한테도 자기 혼자 해 보겠다고 말했어.

수영이가 미나리나물, 조기 조치(바특하게 만든 찌개나 찜), 표고버섯전을 할 모양이었어. 하지만 가장 먼저 해야 할, 파와 마늘 다지는 일도 하지 않은 채 표고버섯만 만지작거리지 뭐야. 진짜 성질 같아서는 확 모습을 드러내고 내가 다 해치우고 싶었지.

그때, 일하는 아주머니가 부엌으로 들어왔어.

"어제는 정말 감사했어요."

"아씨가 저한테 감사할 일이 있남요?"

"국이나 찌개를 끓이라고 하셨잖아요."

"예? 저는 아무 말도 안 했는데요."

수영이 얼굴빛이 새하얗게 질렸어.

'이크, 큰일 났다. 이를 어째.'

일을 가르쳐 주고도 나를 알아챌까 걱정하는 신세가 되었어.

수영이는 아예 일손을 놓고 부엌을 왔다 갔다 했어.

이번에는 나서고 싶지 않았어. 하지만 밑반찬은 똑 떨어졌고 시간은 자꾸 갔어. 이제라도 손을 쓰지 않으면 그야말로 밥과 국뿐인 밥상이 차려질 거야. 맛도깨비가 있는 집의 밥상이 그 지경이라는 게 소문이 나면, 다른 맛도깨비들한테 두고두고 놀림을 받을 게 뻔했어.

에라, 모르겠다. 나는 크흠 하고 목소리를 가다듬었어.

"씻고, 불리고, 절이고, 데쳐!"

수영이가 얼떨결에 되물었어.

"응?"

"씻고, 불리고, 절이고, 데쳐!"

"누구세요?"

"아이참, 묻지 말고 그냥 해 봐! 기본 중에서도 가장 중요한 기본이니까! 재료를 씻고 나면 파랑 마늘을 다져!"

아무리 많은 음식을 차린다 해도 이 기본을 몸에 익히면 못할 일이 없어. 씻고, 불리고, 절이고, 데치고. 줄여서 '씻, 불, 절, 데!'

나는 입을 다물었어. 더 이상 끼어들면 수영이가 놀랄 테고, 그러면 소리가 어디서 나오는지 살필 테고, 그러다 수첩에 귀신이 들렸네 어쩌네 하며 내다 버리기라도 하면 큰일이잖아.

다행히 수영이는 내가 한 말을 곰곰 되짚더라고.

"가만, 아까 기본 중의 기본이라고 했지? 혹시 어머니가 내 옆에서 도와주고 계신가?"

나는 속으로 '얼씨구, 잘한다.' 장단을 쳤지.

수영이는 '씻고 불리고 절이고 데치고'를 중얼중얼 외더니, 우선 재료들을 씻었어. 미나리와 파, 마늘, 무와 조기를 씻고 다듬은 다음, 파와 마늘을 다졌어. 그리고 표고버섯을 불렸지. 그런 다음 조기를 조리면서 미나리를 데쳤어. 불린 표고버섯을 꺼내 속을 넣어 전을 부치면서 전이 노릇하게 익는 동안 미나리나물을 무쳤지.

저녁 밥상을 받은 식구들은 깜짝 놀랐어.

"정말 네가 다 차렸냐?"

수영이는 고개를 끄덕였어.

"처음 제대로 차린 밥상이에요."

그게 수영이가 처음 찾은 기본이었어. 하지만 모든 기본을 찾은 것은 아니야. 수영이가 만드는 음식은 양념이 제대로 조화를 이루지 못했거든. 어떤 건 짜고, 어떤 건 싱겁고, 어떤 건 달고. 수영이는 어떻게든 바로잡으려고 소금을 더하거나 물을 붓고는 했어.

나는 수영이를 도왔어. 수영이가 음식을 준비하다 목을 뒤로 젖히거나 뒤돌아섰을 때 수영이가 한 양념에 슬쩍 손을 댔지.

"새아기 음식 솜씨가 점점 좋아지는구나."

시아버지의 칭찬을 듣고, 수영이는 부엌으로 돌아와 양념 통을 노려보았어.

"분명히 뭔가 있어. 아까 그 콩나물무침은 내 솜씨가 아니야. 간이 딱 맞았어. 어떻게 한 걸까?"

그날 수영이는 밤늦도록 남은 콩나물을 이렇게 저렇게 무쳤어. 나는 몸을 투명하게 만들고 살강*에 앉아 수영이를 지켜보았지. 깊은 밤, 식구들이 다 잠들었을 무렵에 수영이는 마지막 콩나물무침을 입에 넣었어. 그날 밤 수영이가 만든 스무 번째 콩나물무침이었지.

"그래, 이 맛이었어! 이거였구나. 이거였어."

수영이는 수첩을 꺼내 쓱쓱 글씨를 썼어.

다음 날, 수영이가 차린 밥상을 받은 식구들은 깜짝 놀랐어. 콩나물무침도 맛있고, 연근조림도 맛있고, 뭇국도 시원했거든. 밥이 살짝 진 것만 빼고는 다 괜찮았어.

기본양념만 익히면 모든 요리가 만만해져. 수영이는 그 비밀을 스스로

살강 | 그릇 따위를 얹어 놓기 위해 부엌의 벽에 드린 선반.

알아냈으니 얼마나 좋았겠어. 뭐, 내가 살짝 도와준 덕분에 알게 되긴 했지만, 그래도 끝까지 포기하지 않고 알아낸 건 수영이 힘이야.

기본양념을 익힌 수영이는 양념이 중요하다는 걸 알아차렸어. 그래서 많은 시간을 양념에 쏟았지. 식초를 담고, 마늘을 갈무리하고, 참기름과 들기름을 제대로 만들기 위해 애썼어. 별것 아닌 것 같은 양념이 음식 맛 전체를 바꿀 수 있다는 걸 깨달은 거야. 나도 수영이가 빻아서 말리는 마늘에 곰팡이가 끼지 않게 입김을 불어 넣고, 깨를 볶을 때 타지 않게 손부채질을 해서 도왔어.

그다음으로 수영이가 깨달은 건 바로 맛의 조화였지. 내가 도깨비짓을 벌일 때 외우는 주문처럼 수영이는 짠맛, 쓴맛, 신맛, 단맛, 매운맛이 모두 조화를 이룰 수 있게 밥상을 차리려고 노력했어. 모든 반찬이 짜거나 시다면 어떻게 먹을 수 있겠어. 밥상에 오른 반찬들에 골고루 젓가락이 갈 수 있게 하려면 그만큼 맛의 조화가 필요해.

나는 점점 수영이가 마음에 들었어. 그래서 어떤 때는 수영이가 눈치 못 채게 음식 맛을 엄청 좋게 만들었어. 물론 그런 날이면 수영이는 "내 솜씨가 아니었어."라고 중얼거리며 밤새 부엌에서 그릇을 달그락거렸지.

수영이도 점점 요리에 재미를 붙였어. 몇 번 실패하더니 약밥과 맥적도 척척 해냈지. 소금물에 무를 가라앉힌 침채도 이제는 제법 맛나게 담그게 되었어.

한번은 수영이 시아버지가 앓아누웠는데, 임금님이 빨리 나으라고 수유(지금의 버터)를 보냈어. 나도 처음 먹어 보는 음식이었는데, 미끈거리고 끈적거리면서 고소한 냄새가 나더라고. 시아버지는 느끼하다며 잘 못 먹었어. 수유를 한 입 떼어 입에 넣어 본 수영이는 그걸 뜨거운 번철에 녹였어. 꼭 기름처럼 순식간에 녹더라. 녹인 수유에 우엉을 볶아서 간장으로 조렸어. 시아버지는 임금님이 내린 약이니 얼른 먹고 나아야겠다며 그 우엉조림을 뚝딱 다 먹었지.

수영이는 어머니가 해 줬던 음식 맛을 잊지 않았어. 때로는 더 맛있게 만들었지. 고향에서 먹던 음식, 오래전부터 먹던 음식이 상에 올랐을 때 식구들은 모두 눈물을 흘렸어.

'고려 사람으로 태어나 조선 사람으로 살아가지만, 그래도 제대로 된 양념과 밥상의 기본은 고려에서 이어지니까 고려는 완전히 없어진 게 아니야. 내가 어디에 있든 기본을 잊지 않으면 그걸로 고려는 살아 있는 거야.'

그게 수영이가 깨달은 기본이었어.

드디어 수영이가 첫아이를 낳았어. 첫아이를 품에 안은 수영이가 아이에게 속삭였지.

"아가, 네 이름은 박영이란다. 네가 크면 음식 수첩을 넘겨주마. 옳지, 이 수첩을 딸이든 아들이든 상관없이 첫 자식에게 물려주기로 하면 어떨까?"

수영이가 잠깐 말을 멈추고 영이의 머리를 쓰다듬었어.

"나는 처음 차린 밥상에서 배운 기본이 얼마나 중요한지를 늘 기억하면서 산단다. 내 기본에 네 기본을 더하면 얼마나 좋을까, 또 다른 기본은 없을까? 생각만 해도 기분이 좋구나. 그래, 한번 해 보자꾸나. 이 수첩이 누구한테, 얼마나 오래 전해질지……."

나는 수영이에게 큰절을 했어. 아무리 내가 도깨비짓을 하고 주문을 외웠다 해도 수영이한테 수첩을 이어 나가야겠다는 마음이 없었더라면 불가능했을 거야.

수첩 속에 갇혀 지낼 날을 걱정만 하던 나도 기대하는 마음을 갖게 되었어. 덩달아 마음도 편해졌지.
 '오백 년은 후딱 지나가. 까짓것, 금방이야.'
 나는 어린 영이의 손가락을 살살 쓰다듬었어.
 수첩의 다음 주인이 될 영이가 까르르 웃었어.

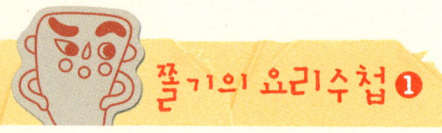

'무얼' 먹는지를 알면 '누구'인지 알 수 있지!

한 나라의 상차림에는 그 나라의 기후와 지리, 문화적 특징까지 담겨 있어. 우리나라는 국이나 찌개 같은 국물 음식이 많은데, 그건 물이 맑고 깨끗하기 때문이야. 반면 서양 요리에서 맛있기로 손꼽히는 프랑스 요리에는 국물 음식이 별로 없어. 물에 석회질이 많이 섞여 있기 때문에 국물 음식이 발달하지 못했지. 그럼 사막이 많은 중동 지역의 상차림은 어떨까? 중동의 음식에는 반찬이 다양하지 않아. 메마른 기후 때문에 다양한 재료를 구할 수 없거든.

바다를 끼고 있는 나라는 해산물로 만든 음식이 많고, 산이 많은 나라는 산에서 자라는 나무 열매나 나물로 만든 음식이 많아. 이슬람 국가에서는 돼지고기를 먹지 않기 때문에 돼지고기로 만든 음식이 거의 없지.

이렇듯 상차림을 통해 각 지역, 각 나라의 고유한 특징을 알 수 있어. '무얼 먹는지가 당신이 누구인지를 말해 준다.'고 하는 말처럼 말이야.

양념은 약(藥)이다

양념은 '약념(藥念)'에서 나온 말이야. 약(藥)이 병을 낫게 하는 건 다 알잖아. 그러니까 양념이 몸에 엄청 좋다는 걸 이름에서부터 알리고 있는 거지.

양념은 음식에 아주 조금 들어가는 것 같지만, 음식의 맛과 영양을 좌우해. 그렇기 때문에 좋은 양념을 고르는 일이 정말 중요해.

슈퍼마켓에서 흔하게 살 수 있는 양념들은 어떨까? 공장에서 짧은 시간 동안 많은 양을 만들어 내는 양념들은 예전 방식대로 만들지 않는 것들이 많아. 콩에서 식용유를 짜내고 남은 찌꺼기로 고추장과 된장을 만들고, 강한 산성으로 억지로 콩을 무르게 해서 간장을 만들기도 해. 치킨을 시키면 함께 나오는 무 알지? 달착지근 맛이 좋잖아. 그런데 이 무를 절이는 데 쓰는 빙초산에는 암을 일으키는 물질이 들어 있대. 옥수수를 찔 때 넣는 사카린에도 들어 있고. 이런 양념들은 시간을 들이지 않고 빨리, 많이 만들 수 있으니까 당연히 값도 싸지.

좋은 양념을 만들려면 무엇보다 시간이 오래 걸려. 그 대신 깊은 맛을 내는 건 물론이고 영양이 듬뿍 담겨서 우리 몸을 튼튼하게 해 주지.

양념에는 여러 가지 맛이 있어. 양념의 여러 맛을 잘 조화시켜 음식에 넣으면, 재료가 가진 원래의 맛도 살리고 몸에도 좋은 음식이 되는 거야.

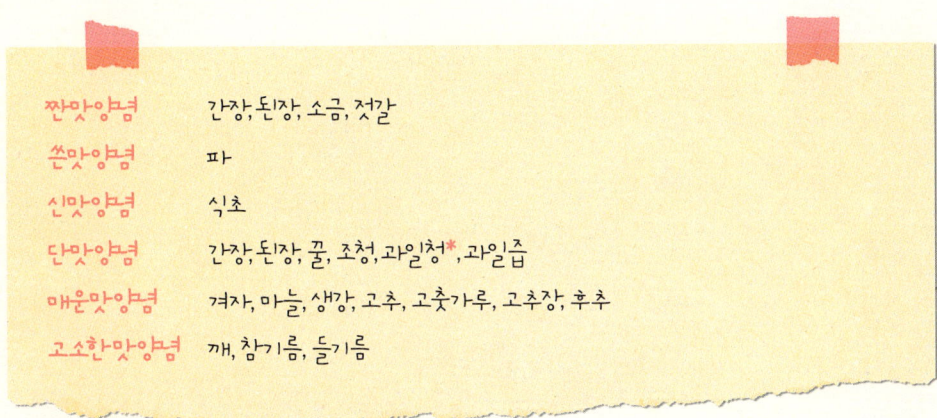

짠맛양념	간장, 된장, 소금, 젓갈
쓴맛양념	파
신맛양념	식초
단맛양념	간장, 된장, 꿀, 조청, 과일청*, 과일즙
매운맛양념	겨자, 마늘, 생강, 고추, 고춧가루, 고추장, 후추
고소한맛양념	깨, 참기름, 들기름

과일청 | 유자, 매실, 자두, 살구 같은 과일을 꿀이나 설탕에 잰 것.

감자, 고추, 두부가 외국에서 들어왔다고?

통일신라시대와 고려시대에는 무척 다양한 음식을 먹었어. 하지만 고기는 거의 먹지 않았지. 국가에서 백성들에게 불교를 믿도록 권했기 때문에, 불교 사상에 따라 동물을 죽일 수가 없었거든. 대신 채소와 곡류로 음식을 만들었지. 그래서 떡, 유밀과, 다식, 차, 나물, 채소를 넣은 국, 된장, 간장, 묵, 국수 등이 발달했어.

이런 식생활에 큰 변화가 일어난 건 **고려 말**이야. 몽골 족이 우리나라를 침략했거든. 당시 몽골 족은 '원'이라는 나라를 세웠는데, 고려 땅에 들어온 원나라 사람들은 소를 키워 잡아 먹었어. 그 영향으로 차츰 우리 밥상에도 고기가 올라오기 시작했지. 고기를 물에 넣어 끓인 곰탕을 비롯해 편육, 순대, 상화(찐빵의 한 종류)와 소주, 두부가 다 원나라를 통해 들어온 거야.

조선시대 중기에는 일본이 우리나라를 침략한 임진왜란이 일어났어. 임진왜란이 끝나자 일본에서 고추, 담배, 감자, 옥수수, 호박 들이 우리나라로 들어왔지. 아메리카 대륙에서만 자라던 이 작물들은 유럽 사람들이 아메리카 대륙을 정복하면서 세계 여러 나라로 퍼지게 된 거야.

특히 고추가 들어온 다음부터 우리 식탁에는 고춧가루와 고추장이 오르게 되었어. 우리가 빨간 김치를 먹게 된 것도 이때부터야.

고추가 들어오기 전에 먹었던 소금에 절인 하얀 김치

쌀가루 반죽을 빚어 튀긴 뒤 꿀이나 조청을 발라 튀밥이나 깨를 묻히는 유밀과

애니의 소곤소곤 비밀요리 1

달걀찜

달걀과 소금만 있으면 만들 수 있는 기본 요리 중의 하나. 우리 엄마가 맨 처음 만든 요리도 달걀찜이래. 만들기 쉽고 맛도 좋은 달걀찜 도전!

재료

달걀 1개, 물, 새우젓이나 소금

만드는 법

❶ 그릇에 달걀을 깨. 뾰족한 모서리에 대고 깨면 달걀 껍데기가 섞일 수 있으니 평평한 곳에 대고 깨기!

❷ 달걀과 똑같은 양의 물을 넣어. 반으로 쪼개진 달걀 껍데기로 물의 양을 재면 딱 좋아! 달걀 한 개로 달걀찜을 할 때는, 달걀 껍데기로 물 두 번.

❸ 이제 간을 할 차례야. 새우젓이나 소금을 적당히 넣고 잘 섞어. 당근이나 파를 썰어서 고명으로 올려도 좋아.

❹ 김이 오르는 찜통에 달걀 물이 담긴 그릇을 넣고 쪄. 전자레인지에 익힐 때는 30초마다 가열해서 달걀찜이 되는 걸 지켜봐야 해. 타 버릴 수도 있거든.

❺ 계란찜 완성! 그릇이 뜨거우니 찜통이나 전자레인지에서 꺼낼 때는 조심 또 조심!

맛도깨비 쫄기에게 수영이 이야기를 들은 애니는 바닥에 떨어져 있는 수첩을 주웠다. 겉표지는 낡은 삼베 조각으로 감쌌는데, 성근 삼베 안으로 빛바랜 푸른 비단이 보였다. 수첩 첫 장에 써 있는 한자가 '기본'이라는 글자인 것 같았다.

"음, 생각보다 대단한 수첩인가 봐. 그렇다고 이 수첩을 갖고 싶다는 건 아니야. 골치 아프게 기본이 어쩌고…… 딱 질색이야!"

그러자 쫄기가 "흥." 하고 콧김을 불었다. 수첩 몇 장이 차르르 넘어갔다.

"한글이네? 그런데 뭐야, 글씨를 세로로 썼네?"

쫄기가 대답했다.

"가로쓰기는 광복 이후부터 썼어. 그 전에는 모두 세로쓰기였지."

"글씨가 이상해. 못 읽겠어."

"옛날 글자라 그래. 이 글을 쓴 사람은 박소윤이야. 소윤이는 아주 어릴 때부터 수첩 주인이 될 준비를 했지."

소윤이는 무남독녀 외동딸로 자라 온 집안사람들한테 예쁨을 받았어.

그런 소윤이가 떼를 쓰기 시작했어. 어머니 배 속에 동생이 생기면서부터야. 소윤이는 안 빨던 손가락도 빨았어.

그러다 갑자기 강원도로 이사를 하게 됐어. 소윤이 아버지가 나랏일 때문에 강원도로 가야 했거든. 며칠 만에 강원도에 도착한 소윤이 어머니는 한 달이나 빨리 아이를 낳았어. 남동생이었지.

"너는 이제부터 박강윤이다. 강윤아, 아버지 하고 불러 보렴."

소윤이 아버지는 이제까지 소윤이를 예뻐했던 걸 잊은 것처럼 행동했어. 앵앵거리기만 하는 강윤이를 안고 어르거나 입을 맞추는 데 시간을 다 썼거든.

소윤이는 점점 이상한 행동을 했어. 손가락을 빠는 것으로 모자랐는지 단것을 입에 달고 살았어. 늘 도라지정과, 연근정과같이 단것만 찾았고 물 대신 송화밀수*를 마셨어.

처음에는 그러려니 했는데 시간이 갈수록 걱정이 되더라고. 내 맛도깨비 친구 달기는 단것만 먹다가 아예 꿀처럼 사르르 녹아 버렸거든. 사람은 맛도깨비하고는 다르지만 그래도 한 가지 음식만 먹는 건 안 좋잖아. 나만 해도 연근정과를 많이 먹었다가 까무룩 잠이 드는 바람에 종이에 갇

송화밀수 | 소나무의 꽃가루인 송홧가루에 꿀물을 탄 것.

했는걸.

 또 다른 이유도 있어. 맛도깨비들은 좋아하는 음식을 많이 먹으면 그 음식으로 변해. 옥수수를 먹으면 옥수수, 감자를 먹으면 감자, 파무침을 먹으면 파로 변하지. 맛도깨비들이 밥을 먹고 나서 바로 모이면 다들 배꼽을 잡고 웃어. 무 한 덩이, 파 다섯 줄, 대구 한 마리, 오징어 두 마리, 참나물장아찌, 마늘종무침, 약과 여섯 개, 오이 세 개, 식혜 한 그릇이 우르르 모여들거든.

 사람들 눈에는 전혀 안 보이겠지만 우리 맛도깨비 눈에는 사람들이 무슨 음식을 주로 먹는지까지 훤히 다 보여.

 소윤이는 점점 노랗게 변해 갔어. 나는 그런 소윤이가 무척 걱정스러웠지. 소윤이는 수첩의 다음 주인인데, 그 주인이 건강하게 살지 못하면 수첩이 다음 대까지 제대로 이어질 수 있겠어? 나는 오랜 고민 끝에 큰 결심을 했어.

 어느 날, 소윤이가 바깥세상이 궁금한 듯 문밖을 빼꼼 내다보고 있을 때였어. 물론 입안 가득 달디 단 도라지정과를 넣은 채였지. 손가락에 묻은 꿀을 쪽쪽 빨면서 말이야. 나는 소윤이 또래 남자아이로 변해 문밖에서 말을 걸었어.

 "안녕?"

 소윤이가 호기심 어린 눈으로 내게 물었어.

"너는 누구니?"

"내 이름은 쫄기야. 너는?"

"나? 나는 박소윤. 근데 너, 성은 없고 이름만 있니? 이름 참 희한하다."

아차, 다른 이름을 지어낼걸. 하지만 이미 엎질러진 물이었어.

소윤이가 내 허리춤을 가리키며 물었어.

"허리춤에 보자기는 왜 묶었어?"

옳지! 소윤이가 가장 좋아하는 파란색으로 만든 보자기니까 눈에 확 띄었을 거야.

"이거? 돌아다니다 맛있는 게 있으면 담으려고. 여기저기에 맛있는 먹을거리가 널려 있잖아."

소윤이가 문밖으로 몸을 반쯤 내밀었어.

"정말 널렸어?"

"그러엄. 너 아직 우리 동네를 잘 모르나 봐. 내가 구경시켜 줄까?"

소윤이는 손가락에 묻은 꿀을 쪽쪽 빨면서 고개를 끄덕였어. 나는 소윤이와 함께 동네를 돌아다녔어. 맛도깨비가 아니라 이 동네 아이인 것처럼 행동했지. 틈틈이 수첩에서 빠져나와 동네를 돌아다닌 게 큰 도움이 되었어.

처음 간 곳은 소윤이 집에서 가까운 논이었어.

"이 풀은 뭐야?"

"풀이라니? 이건 벼야. 여기에서 쌀이 나와. 처음 봐?"

"응. 내가 살던 동네에는 없었어. 신기하게 생겼다. 잎이 쭉쭉 뻗은 게 아주 날씬해. 여기에서 쌀이 나온다고?"

날마다 먹으면서도 쌀이 어디서 나는지 모르더라고. 소윤이네는 농사를 짓지 않으니 그럴 수도 있겠다 싶었어.

그다음에는 밭으로 데리고 갔어. 소윤이는 콩, 보리 들을 보고 신기해하며 잎과 줄기를 만지작거렸어. 그런데 시간이 흐를

수록 듣는 둥 마는 둥 했어.

"집에 갈래."

꽤 오래 참는다 싶었지. 집에 있었더라면 그새 정과를 세 개쯤 더 먹을 시간이었거든.

그렇다고 물러설 내가 아니지. 한번 마음먹고 나타났는데 그대로 보내면 맛도깨비 체면이 말이 아니잖아.

"지금쯤 복숭아꽃이 피었을 텐데……."

소윤이가 심드렁하게 대답했어.

"그래서?"

"설마 아직 복숭아꽃도 안 먹어 본 건 아니겠지?"

나는 소윤이의 자존심을 박박 긁었지. 아니나 다를까, 소윤이가 버럭 화를 냈어.

"나도 먹어 봤다, 뭐!"

"진짜로 먹어 봤다고?"

"그래, 먹어 봤어. 어쩔래?"

터져 나오려는 웃음을 꾹꾹 눌렀어. 소윤이가 엄마 젖을 먹을 때부터 지켜봤던 나야. 당연히 복숭아꽃을 먹는 걸 본 적이 없었지. 나한테 엄청 지기 싫었던 모양이야.

산으로 소윤이를 데리고 갔어. 구불구불, 꼬불꼬불, 산길을 걸어서 복숭아나무 앞으로 갔지. 바람이 불자 분홍색 복숭아꽃이 하늘하늘 떨어졌어.

"먹어 봐."

소윤이가 복숭아꽃을 손에 들고 망설이는 사이에 내가 먼저 한 움큼 입에 넣고 씹었어. 여리고 작은 꽃잎이 혀에 닿고, 몇 번 씹으면 단맛이 퍼져. 그리고 옅은 꽃향기가 입안을 맴돌지. 소윤이는 내 눈치를 살살 보더니 복숭아꽃을 입에 넣었어. 찡그렸던 소윤이 얼굴이 점점 밝아졌어.

소윤이가 더 달라는 듯이 손을 내밀었어.

"안 돼. 다 따 먹으면 복숭아가 안 열리잖아. 이제 다른 곳으로 가 볼까?"

나와 소윤이는 더 깊은 산을 올랐어.

금낭화, 산괴불주머니, 애기똥풀, 고사리, 고비, 곰취, 도라지, 두릅, 은사시나무, 산딸나무, 참나무……. 나는 소윤이가 묻는 걸 하나하나 다 알려 주었어. 이름만 알려 줬게? 먹을 수 있는 것, 먹을 수 없는 것도 하나하나 다 짚어 가며 알려 줬지.

나는 두릅나무에 돋은 어린순을 똑똑 따서 소윤이한테 줬어.

"이걸 데쳐 먹으면 맛나."

"그래? 엄마한테 갖다 드리면 좋아하시겠다."

소윤이는 자기도 따 보겠다며 두릅나무에 다가갔어. 그러다 줄기에 난 가시에 손가락을 베었어.

"아얏!"

　나는 소윤이 손가락을 잡고 호호 불었어. 그리고 쑥을 뜯어 상처에 올리고 넓은 잎을 뜯어 친친 감았지.

　"요호 요호! 상처야, 아물어라. 짠맛 쓴맛 신맛 단맛 매운맛 모두 모은 맛!"

　조용히 주문을 외우며 손가락으로 소윤이 상처를 살살 어루만졌어. 손가락에서 찌릿찌릿 도깨비 기운이 흘러나와 소윤이 상처로 스며들었어. 나는 소윤이 상처가 사사삭 아무는 걸 느꼈지.

　"짠맛 쓴맛 신맛 단맛 매운맛 모두 모은 맛, 그게 무슨 말이야?"

"여러 음식을 골고루 먹으면 튼튼해지거든. 상처도 여러 음식을 골고루 먹으면 빨리 나아."

소윤이가 눈을 반짝이며 물었어.

"골고루 먹으면 빨리 나아?"

"그러엄. 참말이야."

소윤이는 중얼중얼, "짠맛 쓴맛 신맛 단맛 매운맛 모두 모은 맛!" 하고 외웠어.

"나는 단걸 조금 좋아하는데. 그럼 빨리 안 낫겠네."

옳지, 이때야. 모든 일에는 때가 있는 법인데 지금이야말로 소윤이 마음을 되돌려 놓을 가장 좋은 때라고.

"지금도 늦지 않았어. 다행히 조금 좋아하는 정도니까. 설마 하루 종일 단것만 먹는 건 아니겠지?"

소윤이가 펄쩍 뛰었어.

"무슨…… 아니야! 골고루 잘 먹어. 이제 더 잘 먹을 거야!"

소윤이는 내가 준 보따리에 두릅을 담고 나를 따라 산을 올랐어. 노래를 부르기도 하고, 재미난 이야기도 하다 보니 어느새 산꼭대기였어.

산꼭대기에서 바라본 동네는 참 아름다웠어. 소윤이네 집이 멀리 조그맣게 보이고, 소윤이 아버지가 일하는 관청도 한눈에 들어왔어.

"저길 봐."

소윤이는 내 손가락이 가리키는 곳을 바라보았어.

"우아, 저게 뭐야?"

"바다야. 바다에는 조개랑 새우, 생선도 살아. 그뿐인가? 미역, 파래 같은 먹을거리가 곳곳에 널렸지. 미역이나 파래나 톳을 먹으면 바다를 통째로 먹는 느낌이 나. 아주 부드러우면서 바다 향이 가득하거든. 여긴 싱싱한 바다 먹을거리가 많이 나니까 꼭 먹어 봐."

태어나 처음 바다를 본 소윤이는 입을 다물지 못했어. 나는 소윤이가 눈치채지 못하게 중얼중얼 마음속으로 주문을 외웠어.

'요호 요호! 큰 고둥 껍데기를 다오. 짠맛 쓴맛 신맛 단맛 매운맛 모두 모은 맛!'

그러자 내 소맷자락이 묵직해졌어. 커다랗고 속이 텅 빈, 고둥 껍데기가 손에 만져졌어.

소맷자락에 고둥 껍데기를 넣고 집으로 돌아가는 길, 고둥 껍데기가 천근만근 돌덩어리처럼 무거워졌어. 걸을수록 온몸에 힘이 쭈욱 빠지는 느낌이 들었어. 수첩을 빠져나온 지 너무 오래 되었나 봐. 소윤이 앞에서 스르르 사라지게 될까 봐 마음이 급해졌어. 그래서 걸음이 자꾸 빨라졌지.

"좀 천천히 가."

"늦었어. 얼른 가 봐야 해."

소윤이는 보따리를 품에 안고 허겁지겁 쫓아왔어.

드디어 소윤이네 집앞에 다다랐어. 헐떡거리며 숨을 고르는 소윤이한테 고둥 껍데기를 내밀었지.

"이게 뭐야?"

"바다에 같이 못 가는 대신 주는 선물이야. 이걸 귀에 대면 바다 소리가 들려. 꼭 바다에 가 보길 바라. 그럼 나는 늦어서 먼저 가 볼게."

"보자기는 가져가야지!"

"그것도 선물이야. 그럼 안녕!"

나는 뒤돌아서 부랴부랴 뛰었어. 소윤이한테서 꽤 멀어졌을 때, 몸이 완전히 투명해졌어. 서둘러 소윤이네 집 안방 책상 위에 놓인 수첩 안으로 들어갔지. 얼마나 빨리 뛰었던지, 수첩 낱장이 벌렁벌렁 푸르르 떨렸어.

자리에 누워 있던 소윤이 어머니가 수첩을 뚫어지게 쳐다봤어. 나는 숨을 아주 길게 내쉬며 수첩이 떨리지 않게 하느라 애썼지. 하지만 수첩을 나간 지 한참 지났기 때문에 기운이 빠져서 마음먹은 대로 잘 되지 않았어.

"어머니!"

때마침 소윤이가 안방으로 뛰어오는 소리가 났어. 나는 소윤이 발자국 소리가 방문 앞에 올 때까지 숨을 참았어. 문이 벌컥 열릴 때에 맞춰 숨을 크게 내쉬었지. 수첩이 팔락팔락 저절로 젖혀졌어. 아유, 조금만 더 늦었더라면 큰일 날 뻔했지 뭐야.

"소윤아, 하루 종일 어디 갔었니? 얼마나 걱정했다고."

"저를 찾으셨어요?"

"그럼, 찾았지. 강윤이 잘 때 찾고, 찾다가 강윤이가 깨면 들어와서 걱정했지. 강릉댁 아주머니가 어미 대신 널 찾느라 얼마나 애썼는데."

소윤이는 어머니가 자기를 찾았다는 말에 아주 기뻐했어. 어머니가 동생 강윤이만 예뻐하는 게 아니라는 걸 알았지.

"제가 오늘 동무를 만났는데요……."

조잘조잘, 재잘재잘, 소윤이는 들이며 산으로 돌아다닌 이야기를 어머니에게 들려주었어. 그러고는 보따리를 풀어 두릅을 보여 주고, 고둥 껍데기를 어머니 귀에 갖다 댔어.

"이런 게 바다 소리로구나. 바다에 한 번도 못 가 봤는데."

"어머니도 못 가 봤어요? 저는 오늘 멀리서 봤어요. 물이 끝없이 펼쳐져 있더라고요. 진짜 진짜 넓어요. 언제 같이 가요, 네? 어머니랑 꼭 같이 가 보고 싶어요."

"그래, 그러자꾸나."

소윤이 어머니는 강릉댁을 불러 두릅을 주었어. 강릉댁은 이렇게 좋은 두릅을 어디서 구했냐며 감탄했고, 어머니는 소윤이가 땄다고 자랑했지. 소윤이는 어깨를 으쓱했고.

저녁 밥상에 데친 두릅이 올라왔어. 소윤이 어머니는 두릅을 초간장에 찍어 먹으며 봄이 입안으로 들어온 것 같다며 좋아했어. 소윤이도 눈을 질끈 감고 두릅을 한 입 베어 먹었어.

"봄이 입안으로 들어왔다고요? 이렇게 쓴맛이 나는데요?"

"그럼. 쓴맛은 겨우내 지친 몸을 달래고 기운을 북돋아 주거든. 그래서 달래나 냉이, 씀바귀 같은 봄나물은 쓴맛이 많이 난단다."

"아하, 그렇구나. 쓴맛이 기운을 차리게 하는구나."

소윤이는 두릅을 꼭꼭 씹었어. 이번에는 또 다른 나물을 집어 들었지.

"이건 뭐예요?"

"글쎄다. 나도 처음 보는데? 강릉댁, 이건 뭐예요?"

그때까지 옆에 앉아 있던 강릉댁이 배시시 웃었어.

"방풍나물이드래요. 방풍으로는 죽도 맹글지요."

"방풍죽*? 그건 어떻게 끓여요?"

강릉댁은 곱게 찧은 쌀로 죽을 끓이다가 반쯤 익었을 때 방풍 싹을 넣어 죽을 만든다고 일러 주었어.

방풍죽 | 『홍길동전』을 지은 허균은 『도문대작』에서 자신의 고향인 강릉에서 먹는 방풍죽을 소개했다.

밥상을 물리고 한참 동안 나물 이름을 외던 소윤이 어머니는 책상에 앉았어. 그리고 가는 붓에 먹물을 묻혀 수첩에 '방풍죽 쑤는 법'이라고 썼지. 소윤이는 먹물이 마르기를 기다렸다가 수첩을 한 장, 한 장 넘겼어.

"이건 어머니 글씨가 아닌데……. 누가 썼어요?"

"응. 네 할머니."

"할머니? 그럼 할머니 거였어요?"

"할머니도 물려받았지."

"누구한테요?"

"누구인지는 잘 모르겠지만……."

나는 수첩 주인이었던 다섯 사람을 한 명씩 떠올렸어. 한 사람, 한 사람 모두 특별했어. 내가 수첩 속에서 살아갈 수 있게 수첩을 아껴 주었던, 고마운 사람들이었지.

"그럼 어머니는 이걸 강윤이한테 줄 거죠? 할머니가 어머니한테 주셨다니, 어머니도 강윤이 처한테 주실 거잖아요."

소윤이가 새초롬하게 말했어. 소윤이 어머니는 피식 웃었지.

"이건 첫 자식한테 물려주는 거야. 그래서 할머니가 아버지한테 주셨고, 네 아버지가 나한테 건넸단다. 그러니 이 수첩의 다음 주인은 바로 너지."

"정말? 내 수첩이 된다고요?"

"그렇고말고."

소윤이는 수첩을 가만가만 어루만졌어. 겉표지에 붙은 비단은 닳고 빛이 바랬지만, 아직 튼튼했어.

"어머니, 내가 수첩 주인이 되면요. 나물이랑 버섯이랑 열매랑 뿌리랑 온갖 음식들을 다 먹어 보고 적을 거예요. 바다, 산, 들, 강에서 나는 걸 빼놓지 않고 다 먹어 볼 거예요."

"우리 소윤이, 정말 바쁘겠네."

"그럼요. 내가 가장 많이 쓸 테니 두고 보세요."

소윤이 어머니가 깔깔 웃었어.

"아유, 욕심꾸러기. 하지만 다음 사람을 위해서 쓸 곳은 남겨 두어야 해. 알겠지?"

"네, 걱정 마세요."

그러고는 작은 소리로 중얼거렸어.

"짠맛 쓴맛 신맛 단맛 매운맛 모두 모은 맛, 다 담을 거야!"

나는 히죽히죽 웃었어. 이제 소윤이는 단것만 먹진 않을 거야. 노랗던 소윤이 낯빛이 벌써 푸른색으로 변하기 시작한걸.

내가 맛도깨비라는 사실이 자랑스러웠어. 단맛만 알던 소윤이가 다른 맛을 맛볼 생각을 할 뿐만 아니라 바다, 산, 들, 강에서 나는 걸 다 먹어 보고 수첩에 적겠다잖아. 이렇게 소윤이를 변하게 한 건 다름 아닌 나, 바로 맛도깨비 쫄기 님이라고!

"오늘 만난 내 친구한테도 자랑해야지. 어머니, 그 친구 이름이 쫄기래요. 이름 참 재밌죠?"

나는 쿡쿡 숨죽여 웃었어. 그 뒤 다시 소윤이 앞에 나타나진 않았지만 늘 수첩 속에서 지켜보았지. 지금 생각해도 소윤이한테 나타난 건 참 잘한 일이야.

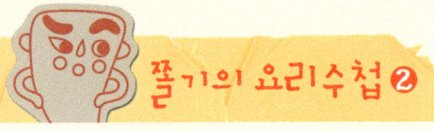 쫄기의 요리수첩 ❷

균형을 맞춰 주는 맛의 오 형제!

'음'과 '양'이라는 말 들어 봤어? 흔히 남자는 양의 기운을 가졌다고 하고, 여자는 음의 기운을 가졌다고 하잖아. 우리 조상들은 모든 사물에 양과 음의 기운이 있다고 생각했어. '해'와 '낮'처럼 따뜻한 기운은 '양', '달'과 '밤'처럼 차가운 기운은 '음'이야.

우리 음식의 맛에도 음과 양의 성질이 있다고 여겼지. 단맛, 매운맛, 짠맛 이 세 가지는 '양'의 기운이야. 단맛을 먹으면 기분이 좋아지고, 매운맛을 먹으면 땀이 나고, 짠맛을 먹으면 심장이 빨리 뛰어. 몸이 그만큼 활발하게 움직인다는 뜻이야.

반면에 쓴맛과 신맛, 이 두 가지는 '음'의 기운을 가졌어. 쓴맛과 신맛이 나는 음식을 먹으면 들뜬 몸과 마음을 차분하게 해 줘. 찬찬히 깊은 생각을 할 수 있도록 도와주지.

때로는 활발하게, 때로는 차분하게 생활하기 위해서는 단맛, 매운맛, 짠맛, 쓴맛, 신맛 이 다섯 가지가 모두 필요해. 우리 몸과 마음을 지키는 맛의 오 형제랄까?

52

식생활에 큰 변화가 일어난 조선 시대

조선 중기 에 추운 북부 지방에서만 설치하던 온돌이 전국으로 퍼졌어. 양반 남자들은 온돌이 깔린 방에서 독상을 받기 시작했지. 한 사람당 하나씩 상을 받는 게 독상이야. 상이 작고 낮아서 '소반'이라고 불렀지. 소반이 작으니까 놓이는 반찬 그릇도 그 전에 비해 작아졌어. 반찬에 들어가는 양념도 잘게 썰거나 다져서 썼어.

조선은 공자의 유교 사상을 바탕으로 한 나라였기 때문에 유교 학문의 영향에 따라 식생활도 달라졌어. 유교는 노인을 공경해야 한다는 생각이 크거든. 그래서 노인들을 위한 영양학*이 크게 발전했어. 임금이 '기로소*'를 세워, 은퇴한 관리들 가운데 70세가 넘은 사람들을 대접하기도 했어.

조선시대 말 에도 큰 변화가 일어났어. 1900년대 개화기 때 중국, 일본, 서양과 교류가 활발하게 이루어졌거든. 양식과 양과자가 우리나라에 들어왔고 고종 황제는 커피를 즐겨 마셨어. 왕이 즐겨 마시는 음료라 해서 많은 사람들이 따라 마셨지. 그리고 이즈음부터 한자리에 여러 사람이 둘러앉아 밥을 먹었어. 이것을 '겸상'이라고 해.

일제 강점기 때는 우리 땅에서 난 곡물을 일본으로 많이 가져갔기 때문에 식생활 수준이 아주 나빠졌지. 일반 백성들은 곡물로 끼니를 잇지 못하는 경우가 많았다고 해.

영양학 | 생명을 유지시키고 몸과 마음을 건강하게 하기 위한 학문.
기로소 | 조선 시대에 나이가 많은 임금이나 70세가 넘는 관리들이 모여서 놀도록 마련한 곳.

부엌 구석구석을 차지했던 조리 도구들

찬장 마른 음식물이나 무거운 그릇을 보관하던 장.

뒤주 곡식을 담아 두던 곳.

드므 윗배가 부른 물독.

방아 곡식을 찧거나 가루로 낼 때 썼던 기구.

절구 곡식의 껍질을 벗기거나 가루로 낼 때 썼던 기구.

맷돌 곡식을 굵게 부수거나 가루로 낼 때 썼던 기구.

국수틀 가루를 반죽하여 통에 넣고 공이로 눌러서 국수를 뽑아내는 틀.

기름틀 기름을 짜는 틀.

자배기 채소를 씻거나 쌀을 불릴 때 쓰던 그릇.

뚝배기 상에 찌개를 끓여서 그대로 올리는 그릇.

돌확 '확독'이라고도 하는, 돌로 만든 조그만 절구.

말, 되, 홉 부피를 재는 그릇.

체 곡식을 고르거나 빻은 가루를 곱게 칠 때 쓰는 기구.

찬합 여러 가지 반찬을 담아 운반할 수 있는 그릇.

다식판 깨나 콩가루, 꽃가루 등을 꿀로 반죽하여 다식을 박아 내는 틀.

번철 전을 부치거나 고기 따위를 볶을 때 쓰는, 솥뚜껑처럼 생긴 무쇠 그릇.

석쇠 고기나 떡 따위를 굽는 기구.

신선로 상 위에 놓고 음식을 끓이는 그릇.

연근정과

쫄기의 옛 주인, 소윤이가 입에 달고 살던 정과는 어떻게 만들까? 쫄기한테 만드는 방법을 물어 도전해 보기로 했어. 아삭 달콤 연근정과!

재료

연근 100그램, 설탕 50그램, 소금, 식초, 물 1컵, 조청 또는 물엿 1큰술 반, 꿀 1큰술*

큰술 | 밥을 먹을 때 쓰는 큰 숟가락이야. 작은술은 찻숟가락을 말해.

만드는 법

❶ 연근을 깨끗이 씻어서 껍질을 벗기고 0.5센티미터 두께로 썰어. 썰어서 파는 연근을 써도 돼.

❷ 자른 연근을 끓는 물에 넣고 데친 뒤 찬물에 헹궈서 건져. 데칠 때 식초를 몇 방울 넣으면 색이 변하지 않아.

❸ 냄비에 연근, 설탕, 소금을 넣고 물 한 컵을 붓고 끓여. 냄비가 뜨거우니 조심!

❹ 끓기 시작하면 조청이나 물엿을 넣고 투명해질 때까지 불을 낮춰 서서히 조려.

❺ 물기가 얼마 남지 않았을 때 꿀을 넣고 숟가락으로 살살 휘저어.

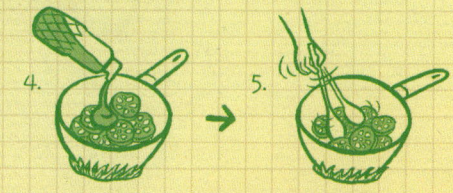

❻ 물기가 다 졸아들면 꺼내어 체에 받치고 단물을 조금 빼고 먹어.

애니는 식탁 위에 젓가락을 탁 놓고 방으로 들어왔다. 방문을 쾅 닫고 발을 쿵쿵 굴러도 분이 풀리지 않았다. 애니는 분명히 돈가스를 해 달라고 했는데, 엄마가 차린 밥상은 여길 봐도 풀, 저길 봐도 풀, 온통 풀뿐이었다.

"문이 부서지려면 더 세게 닫아야지."

의자에 앉아 있던 쫄기가 비아냥거렸다.

"남이야 문을 부수든 말든 뭔 상관이야."

"그렇게 화낸다고 나물이 고기가 되진 않아."

"뭐?"

"너 지금 반찬이 나물밖에 없다고 화내는 거잖아."

쫄기는 눈을 흘기는 애니를 향해 무언가를 불쑥 내밀었다.

"우아, 햄버거다!"

애니는 햄버거를 받자마자 허겁지겁 베어 물었다. 햄버거는 순식간에 사라졌다.

"진짜 맛있다. 고마워."

쫄기는 어깨를 으쓱 올렸다.

"고맙긴 뭘. 아까 밥상에 있던 걸로 만든 건데."

"무슨 소리야? 분명히 고기 맛이 났는데."

"미안하지만 네가 먹은 건 나물, 청국장, 두부, 밥으로 만들었어. 맛도깨비가 음식을 햄버거 모양으로 만드는 건 식은 죽 먹기지."

애니는 믿지 않았다.

"네 변비를 고치려면 나물이 최고야. 나물을 먹으면 비타민뿐만 아니라 섬유질도 많이 얻을 수 있거든."

심한 변비에 걸린 것까지 알고 있다니, 애니는 쫄기가 자기를 꿰뚫어 보는 것 같아서 기분이 이상했다.

"화장실까지 쫓아왔었어?"

"너네 엄마가 걱정하는 소리를 들었을 뿐이야."

"흥! 근데 섬유질이 뭐야?"

"나물을 씹으면 질기지? 그게 섬유질이야. 질긴 섬유질을 씹고 또 씹어서 삼키면 창자 속에 쌓인 것들을 잘 나오게 도와줘. 변비도 쉽게 고칠 수 있지."

"나물이 정말 그런 일을 한다고?"

"그럼. 그것뿐이야? 나물은 아주 오래전부터 먹었는데, 싱싱한 채소가 나오지 않는 시기에도 비타민을 섭취할 수 있게 해 줬어."

애니는 쫄기 말에 귀를 기울였다.

"오늘은 나물 총각 이야기를 들려줄게."

살다 보면 별의별 일을 다 겪어. 나만 해도 그렇잖아. 세상에 무서울 것 없이 이 밥상, 저 밥상 기웃거리며 슬쩍슬쩍 맛보고 다녔는데 꼼짝없이 수첩에 갇혀서 시간을 보내야 했으니 말이야.

수첩 주인이 여러 번 바뀌었지만 집주인이 사는 집 모양은 거의 비슷했어. 깔끔한 기와집이었거든. 그런데 이번에 이야기할 사람의 처지는 조금 달랐어.

처음에는 그 집 식구들도 작은 기와집에 살았어. 그런데 갑자기 재산을 다 빼앗기고 작은 초가집으로 옮겨 갔지 뭐야. 나랏일을 하던 그 집 아저씨가 임금님한테 바른말을 했기 때문이래. 임금님이 그 말을 좀 새겨들었으면 좋으련만 파르르 성을 내더니 무엄하다고 버럭 소리를 질렀대. 그러고는 하루아침에 집과 일자리를 빼앗은 거야. 아저씨는 그 일 때문에 시름시름 앓아누웠다가 돌아가셨어.

작은 마당과 조그만 텃밭이 딸린 세 칸짜리 초가에는 부인과 아들만 남았어. 부인은 글공부를 하는 아들 송영규 옆에서 늘 삯바느질을 했어. 우연히도 이 집처럼 하루아침에 알거지가 된 양반이 딸과 함께 옆집에 살았지.

그러던 어느 날, 집안일과 삯바느질을 도맡아 하던 영규 어머니가 쓰러졌어. 영규는 부랴부랴 의원을 불러왔어. 집 안 살림을 휘휘 둘러본 의원이 아주 길게 한숨을 쉬었어.

"열이 많이 나고, 식은땀도 흘리고, 앞이 잘 안 보인다고 하셨다고요?"

"그러셨어요."

"잇몸에서 피가 나오진 않으셨나요?"

"그러셨지요."

"그게 잘 못 먹어서 생긴 병인데……."

영규는 오랫동안 아무 말도 하지 못했어. 의원은 진료비도 받지 않고 그냥 돌아가 버렸어. 딱 봐도 돈 한 푼 없게 생겼으니 그럴 수밖에.

영규는 방바닥이 꺼질 만큼 크게 한숨을 쉬었어.

"어머니가 이 지경이 되도록 글공부만 하다니, 제가 몹쓸 놈입니다."

나는 어떻게든 영규를 돕고 싶었어. 영규가 수첩을 발견해야 도움을 줄 수 있을 텐데, 영규는 부인이 간직하던 수첩에 별 관심이 없어 보였어. 영규가 수첩을 떠올리지 못한다면, 그러다 부인이 돌아가시고 영규가 미처 수첩을 챙기지 못한다면, 오백 년을 목표로 이때까지 기다린 내 노력은 뭐가 되냐고.

어머니 물건들과 함께 장농 위에 놓여 있던 나는, 수첩 겉장을 흔들기 시작했어. 영규 어머니가 겉표지에 삼베를 붙이고 풀을 빳빳하게 먹여서 넘기는 게 힘들었지만, 다행히 겉장이 펄럭 넘어가고 수첩 속이 팔락팔락 움직였어. 얼마나 팔락팔락 몸을 움직였을까.

"그래! 수첩이 있었지."

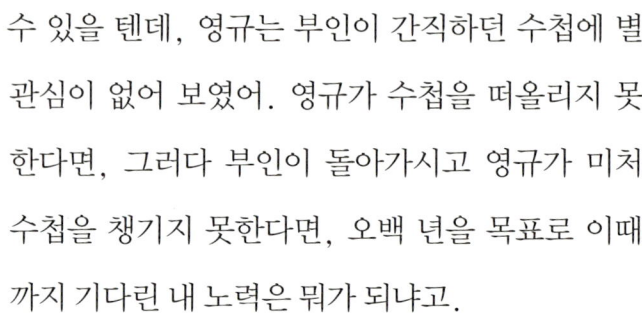

영규는 수첩을 집어 들어 꼼꼼히 살폈어. 때로는 고개를 갸우뚱했지. 영규가 한 번도 먹어 보지 못한 음식 이름이 적혀 있을 때는 특히 더 그랬어. 영규는 음식 이름을 하나씩 입 밖으로 소리 내어 읽어 보고, 만드는 법을 몇 번씩 읽었지.

처음 영규가 끓인 보리죽은…… 표현하기도 민망해. 아마 내가 그 밥상을 받았더라면 버럭 화를 내면서 상을 엎었을 거야.

영규는 막 끓인 보리죽의 맛을 보았어.

"탄내가 심한데, 어쩌지? 이걸 드시다 탈이라도 나시면……. 하지만 시장하실 텐데."

영규는 몇 번이나 망설이다가 할 수 없이 그 보리죽을 상에 올렸어. 앓아누운 부인은 영규가 입에 떠 넣어 주는 보리죽을 한 번도 아니고, 몇 번이나 받아먹었지.

음식을 만든 사람은 먹어 주는 사람이 잘 먹으면 더 맛있게 만들려고 노력해. 영규는 죽을 잘 끓이기 위해 온갖 노력을 다 기울였어. 쌀을 절구에 콩콩 찧어서 불리기도 하고, 데친 남새(집에서 심어 가꾸는 채소)들을 다져서 함께 끓이기도 했어.

텃밭에서 남새를 따던 영규가 가끔 담 너머를 유심히 바라보았어. 나도 살짝 내다보았지. 그랬더니 옆집 큰아기가 하는 일을 물끄러미 지켜보더라고. 그 큰아기는 남새와 푸새(산과 들에서 자란 채소)를 가을볕에 말리고 있었어. 가만, 영규가 혹시 옆집 큰아기를 좋아하나? 나는 더 지켜보기로 했어.

며칠 지나자 영규는 망태와 낫을 챙겨 들고 뒷산에 올랐어. 이런저런 풀을 뒤졌지만 선뜻 뜯지는 못 했어. 영규는 그 풀이 먹을 수 있는 건지 아닌지 제대로 알지 못했거든. 나는 답답한 마음에 수첩에서 빠져나와 산 이곳저곳을 둘러보았어. 그런데 어라? 저게 누구야? 영규가 있는 곳에서 가까운 비탈에 옆집 큰아기가 있었어. 오호! 바로 그거야. 나는 영규 가까이에 가서 입으로 바람을 세게 불었어. 망태가 영규 어깨에서 흘러내려 땅으로 떨어졌지. 영규는 데구르르 구르는 망태를 쫓았어. 나는 요리조리 바람을 불며 망태가 큰아기 발 앞에 떨어지게 만들었어.

굴러 온 망태를 줍던 큰아기는 영규의 등장에 깜짝 놀라며 고개를 푹 숙였어. 옛날에는 '남녀칠세부동석'이라는 말이 있을 정도로 구별이 엄했거든. 일곱 살이 넘으면서부터는 남녀가 한자리에 앉아서도 안 된다는 말이야. 하지만 다급한 영규한테는 그 말이 떠오르지도 않았지.

"저기, 정말 죄송한데 앓아누우신 어머니께 제대로 된 음식을 해 드리고 싶습니다. 아침상을 물린 다음부터 여길 헤맸는데 도통 어떤 것이 먹을거리인지 알 길이 없습니다. 부디 알려 주십시오. 부탁드립니다."

큰아기는 한참 동안 아무 말도 하지 않더니만, 자기 망태를 뒤졌어. 큰아기가 망태에서 꺼낸 건 푸른 잎사귀 대여섯 가지였어.

"제가 아는 푸새입니다."

영규가 잎사귀를 받자마자 큰아기는 손을 얼른 거뒀어.

"저기…… 늘 푸새와 남새를 말리시던데 왜 그러시는지 여쭤도 될까요?"

큰아기가 나직이 대답했어.

"그래야 겨우내 먹을 수 있으니까요. 먹으면 건강해지고요."

"건강해진다고요?"

"네. 잇몸에서 피가 나거나 볼일을 못 보거나 하는 일은 없어요."

큰아기가 서둘러 산을 내려갔고, 영규는 큰아기가 한 말을 몇 번이나 되새겼어. 큰아기의 말이 앓아누운 어머니 병세와 똑같았거든. 영규는 큰아기가 준 잎사귀들을 다른 잎사귀와 대보며 푸새를 따고 캤어.

집으로 돌아온 영규는 산에서 캐 온 푸새들을 종류별로 놓고 하나씩 맛을 보았어. 이건 쓰고, 이건 달고, 이건 씁쌀하고, 이건 신맛이 살짝 나고. 또 이건 댓잎 모양, 이건 손바닥 모양……. 하는 행동이 꼭 소윤이 같았어. 알지? 단것만 찾다가 나중에는 짠맛 쓴맛 신맛 단맛 매운맛 연구자로 변한 박소윤 말이야.

영규는 수첩에서 소윤이가 쓴 곳을 찾아 읽었어. 어떤 나물을 어떻게 데쳐야 하는지, 어떻게 먹는 게 가장 맛난지, 양념은 무엇을 넣는지를 읽고 또 읽었어.

영규는 눈코 뜰 새 없이 바빴어. 남새를 돌보고 푸새를 뜯고, 남새와 푸새를 데치고 말리고. 게다가 집안 살림까지.

영규는 몸이 녹초가 되어도 저녁에는 꼭 책을 펼쳤어. 옆집 아저씨가 글 읽는 소리에 맞춰 대꾸하듯이 다음 구절을 읽었지. 가끔 옆집 아저씨도 영규가 읽는 소리에 맞춰 글을 읽었어.

어느덧 한가위가 다가왔어. 영규는 송편을 빚을 새도 없이 산에 올라 푸새를 뜯는 일에 열중했어. 그렇지만 사람이 늘 푸새와 남새만 먹을 수는 없잖아. 가끔 다른 음식도 먹어야지. 나는 영규가 푸새를 뜯는 사이에 산 구석구석을 돌아다녔어. 그러다 위를 튼튼하게 하고, 지친 몸에 기운을 북돋우고 늙는 속도도 늦춰 주는, 아주 좋은 보약을 발견했지. 그래서 푸새만 뜯는 영규 옆에서 도깨비짓을 벌였어.

"요호 요호! 냄새를 하나로 모아라, 모아! 짠맛 쓴맛 신맛 단맛 매운맛 모두 모은 맛!"

그러자 멀리서 풍기던 냄새가 한데 뭉쳤어. 돌돌 뭉쳐진 냄새를 내 손바닥에 모아 그대로 영규한테 뿌렸지. 등을 구부려 푸새를 뜯던 영규가 코를 벌름거렸어.

"이게 무슨 냄새지?"

나는 영규를 향해서 계속 냄새를 뿌렸어. 영규는 냄새를 쫓아 소나무 숲에 다다랐어. 그리고 드디어 사람이 잘 드나들지 않는 깊은 곳에서 냄새를 풍기는 그것을 찾아냈어.

"이건 송이잖아?"

맞아. 솔 향을 내뿜는 송이버섯이야말로 영규한테 내가 추천하고 싶은 먹을거리야. 영규는 송이버섯을 조심스럽게 땄어.

집으로 내려오자마자 영규는 담 너머에 있는 옆집 큰아기를 불렀어.

"저기……."

"네?"

큰아기가 눈을 동그랗게 떴어.

"지난번에는 감사했습니다."

영규는 망태에서 송이버섯 다섯 송이를 꺼냈어. 열 송이를 땄으니, 반을 내민 거야.

"송이잖아요? 이렇게 귀한 버섯을 어디서……."

"받아 주십시오."

버섯을 내미는 영규 손이 바르르 떨렸어. 덩달아 내 마음도 콩닥콩닥 뛰었지.

그 뒤로 영규와 큰아기는 산에서 자주 마주쳤어. 송이버섯이 나는 자리는 자식한테도 알려 주지 않는다는데, 영규는 그 자리를 큰아기한테 알려 주었어.

그 보답으로 큰아기는 자기 이름을 알려 주었고.

"한보배예요."

"한보배……. 정말 예쁜 이름이네요."

보배 얼굴이 발그레 붉어졌어.

영규는 생채*는 잘 만들지만 숙채*에는 영 소질이 없었어. 왜 맛이 안 나느냐고 묻자 보배는 손가락을 꼼지락거리며 숙채는 양념이 잘 섞이게 바락바락 무쳐야 한다고 했어. 대충 무치면 맛이 안 난다고 했지. 그 말을 듣고 영규가 무릎을 탁 쳤어. 그 뒤로 영규는 보배를 볼 때마다 나물을 어떻게 요리하는지 물었어. 보배는 얼굴을 붉히기는 했지만 자세히 알려 주었어.

어느새 설이 다가왔어. 아이들이 있는 집에서는 설빔을 준비하느라 바쁘지. 다른 해 같았으면 바느질 솜씨 얌전한 영규 어머니한테 아이들 설빔을 맡기는 사람들이 여럿 찾아왔을 거야. 그러면 품삯으로 차례상에 올릴 음식을 장만할 수 있었을 텐데…….

마당을 쓸던 영규가 한숨을 푹 쉬었어. 한숨 소리가 어찌나 큰지, 담 너머 큰아기한테까지 들렸지. 그러자 큰아기도 동시에 한숨을 쉬

생채 | 채소를 그냥 무치거나 소금에 살짝 절여 무친 나물.
숙채 | 채소를 삶거나 볶아서 익힌 다음 무친 나물.

었어. 두 사람 다 남새와 푸새 말린 것밖에 없으니 오죽했겠어.

그 둘을 보다 못한 나는 열 살 또래 여자아이로 변했어. 양손에 달걀 열 개씩을 넣은 짚 꾸러미를 들고 먼저 보배네 집으로 찾아갔지.

부엌에서 말린 푸새를 불리던 보배가 나를 맞았어.

"이 댁에 좋은 들깨 가루와 말린 토란대가 있다 해서 들렀습니다. 혹시 파실 생각이 없으신지요?"

"들깨 가루와 토란대를 사신다고요?"

"네. 대신 달걀을 드릴게요."

보배는 들깨 가루와 토란대를 건네고 달걀을 받았어.

"이 달걀만큼 드리려면 다른 푸새도 드려야겠네요. 뭐 다른 건 필요 없으신가요?"

"그럼 고사리를 좀…….."

보배는 고사리를 듬뿍 내주었어.

이번에는 영규네로 갔지.

"이 댁에 좋은 송이가 있다던데, 팔지 않으시겠어요?"

영규는 차례상을 차리는 데 필요한 달걀을 보자 송이 두 개를 꺼내 왔어. 나는 달걀 열 개를 내밀고 송이를 받았지.

"그래! 달걀이랑 송이를 쓰면 고기 못지않은 적*이 나오겠는걸."

영규가 이렇게 말했어.

"맞아, 들깨 가루를 잘 쓰면 고기랑 비슷한 맛이 날 거야."

보배가 말했지.

보배네와 영규네 부엌에서는 고소한 냄새가 풍겼어. 영규는 송이를 꿰어 적을 부쳤어. 조금 넉넉하게 부쳐 담 너머 보배네 장독 위에 두었지. 보배는 그 그릇을 보고 토란탕 한 그릇과 들깨 가루를 넣어 무친 고사리나물을 영규네 장독에 올렸어.

새해가 밝았어.

차례상 앞에는 영규 어머니가 앉아서 영규가 음식 차리는 걸 도왔어. 그동안 들인 영규의 정성 덕분이었지.

차례를 다 지내고 난 다음에 영규 어머니는 음식을 맛나게 드셨어. 앓아누운 뒤 처음으로 둘이 마주 앉아 먹는 밥이었어.

"솜씨가 많이 늘었구나."

영규 어머니가 웃었어.

적 | 생선이나 고기 따위를 양념해서 꼬챙이에 꿰어 지진 음식.

"아닙니다."

영규가 멋쩍은 듯 뒷목을 긁었어.

"수첩을 보았니?"

"네, 죄송합니다. 여쭙지도 않고 제가 먼저 보아서……."

"아니다. 갈 사람한테 갔으면 됐지. 그런데 그 수첩에 고사리나물에 들깨 가루를 넣어 무치는 법은 없었을 텐데……."

그러자 영규 얼굴이 발갛게 달아올랐어. 귓불까지 달아오른 게 꼭 뜨거운 불 옆에 앉아 있는 사람처럼 보였어.

"어서 자리를 털고 일어나야겠다. 그래야 올봄에 장가를 보내지."

영규가 흠흠 헛기침을 하며 고사리나물을 집으려는데, 자꾸 젓가락에서 나물이 흘러내렸어. 당황한 영규는 젓가락질을 자꾸 했지.

애니는 두 눈을 깜박였다.

"생채랑 숙채, 푸새와 남새? 나물을 그렇게 나눠?"

"그럼. 밥상에 오른 나물은 그냥 풀이 아니야. 오랜 세월 동안 건강하게 살기 위해 사람들이 찾은 비밀이 숨어 있다고. 그런데 네 표정이 왜 그래?"

"저…… 저기, 나…… 화장실…… 급해!"

"거봐, 섬유질이 진짜 많지? 아까 그 햄버거에 나물 두 접시를 다 넣었거든."

애니는 방문을 벌컥 열고 화장실로 뛰었다. 닷새 만에 온 소식이었다. 애니는 볼일을 보면서 쫄기가 들려준 나물 이야기를 다시 떠올렸다. 묵직했던 배 속이 아주 편안해졌다.

"맛은 없지만, 한번 먹어 볼까?"

문밖에서 쫄기가 키득키득 웃었다. 애니도 피식 웃었다.

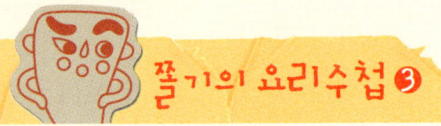

사시사철 지혜롭게 나물 먹기

우리가 먹는 나물은 남새와 푸새로 나눌 수 있어. 남새는 사람이 키우는 채소이고, 푸새는 들이나 산에서 자라는 채소야. 요즘에는 남새를 훨씬 많이 먹어. 비닐하우스에서 농사를 짓기 때문에 한겨울에도 오이며, 호박 같은 걸 먹을 수 있지. 예전에는 어림도 없었어. 그래서 우리 조상들은 제철에 맞게 남새와 푸새를 골라먹었어. 사시사철 그 종류가 얼마나 다양했다고.

우리 조상들은 제철에 나는 나물을 삶거나 데친 다음 말려 먹었어. 그냥 썰어서 말리기도 했는데 이걸 '묵나물'이라고 해. 무말랭이, 호박고지, 시래기, 고사리 들이야. 묵나물은 겨우내 사람들에게 영양을 공급해 줬지.

나물에는 섬유질과 비타민이 많이 들어 있어. 나물을 잘 먹으면 변비가 생길 일도 없지. 섬유질이 변비를 막아 주거든. 이뿐만이 아니야. 아스피린이라는 약에 대해 들어 보았지? 버드나무 껍질과 잎에서 치료 성분을 뽑아내어 만드는데, 두통약으로 흔히 쓰여. 최근에는 심장병과 암을 치료하는 데도 효과가 있다는 게 밝혀졌지.

나물이 병을 물리치는 약이 되기도 한다는 걸 이제 알았지? 오늘 저녁에 반찬으로 먹은 나물에도 아직 알려지지 않은 치료 성분이 숨어 있을지도 모른다고.

남새랑 푸새랑, 생채랑 숙채랑

나물을 남새와 푸새로 나누었다면, 이제 나물 요리를 두 가지로 나누어 볼 차례야. 나물 요리는 만드는 방법에 따라 생채와 숙채로 나눌 수 있어. 생채는 채소를 그냥 버무리거나 소금에 살짝 절여 무치는 요리법이야. 재료의 모양이 상하지 않게 살짝 무치지만, 무생채처럼 간이 잘 배게 조물조물 무치는 것도 있어.

숙채는 채소를 삶거나 볶아서 익힌 다음 무치는 요리법이야. 나물을 불리거나 데친 다음 물기를 꼭 짜서 양념을 넣어 버무리는데, 손목에 힘을 줘서 바락바락 무쳐야 맛있어. 이때 손맛이 더해지거든. 생채는 조물조물, 숙채는 바락바락, 알겠지?

그렇다면 싱싱한 채소에 양념만 뿌려서 먹는 서양식 채소 샐러드는 생채일까, 숙채일까?

하나 더! 단호박이나 감자를 삶아 으깨서 양념에 버무린 샐러드는?

채소 샐러드는 생채, 단호박이나 감자가 들어간 샐러드는 숙채야.

이제 생채랑 숙채를 확실하게 구별할 수 있겠지?

삶고, 볶고, 무치고, 바쁘다, 바빠!

웅녀는 정말 마늘을 먹었을까?

『삼국유사』에 실려 있는 웅녀 이야기 알지? 고조선을 세운 단군왕검의 어머니, 웅녀 말이야. 웅녀가 처음에는 곰이었는데 쑥과 마늘을 먹고 사람이 되잖아. 그런데 정말 쑥과 마늘을 먹었을까? 그 당시 웅녀가 먹은 마늘은 지금 우리가 먹는 마늘은 아니었다고 해. 지금의 마늘은 고려 시대 때부터 우리나라에서 재배되었거든. 그 전에는 한반도에 없었다는 이야기지. 웅녀가 사람이 되기 위해 꾹 참고 먹었다는 마늘은 뭐였을까? 산마늘이나 산부추, 달래일 거라는 이야기가 있어. 산마늘은 지금도 있는데, 울릉도에서 나는 명이나물이 바로 산마늘의 한 종류야. 아니면 산부추였을까? 아니면 달래? 아쉽게도 이 답은 마늘을 준 환웅이랑 마늘을 먹은 웅녀만 알고 있겠지?

어떤 나물을 먹어 봤어?

평소에 얼마나 건강한 음식을 먹고 있는지 한번 확인해 볼까? 아래에 나오는 나물 중에 먹어 본 나물이 있어? 한 번이라도 먹어 본 건 동그라미를 쳐 봐. 시금치나 콩나물처럼 자주 먹는 나물은 뺐어. 자, 그럼 동그라미 시작!

가지 / 고구마잎 / 고구마줄기 / 고비 / 고사리 / 고수 / 곤드레 / 곰취 / 국화싹 / 깻잎
노루궁뎅이버섯 / 냉이 / 느타리버섯 / 능이버섯 / 다복쑥 / 달래 / 더덕 / 돌나물 / 동아 / 두릅
맨드라미잎 / 메꽃 / 명이나물 / 목이버섯 / 물쑥 / 민들레 / 배추 / 부추 / 부지깽이나물
비름나물 / 사자발쑥 / 상추 / 석이버섯 / 송이버섯 / 소비름 / 순무 / 신검초 / 씀바귀 / 아욱
연근 / 오이 / 원추리 / 으름 / 차조기 / 참버섯 / 참죽나무 / 참취 / 콩잎 / 토란 / 표고버섯

동그라미가 몇 개야? 이름은 알아도 생김을 모르거나, 맛은 알아도 이름을 모르는 것들이 많지? 이것 말고도 우리 밥상에 오르는 나물은 아주 많아. 오늘 우리집 밥상에 어떤 나물이 올라오나 잘 살펴봐.

애니의 소곤소곤 **비밀요리 3**

봄동 겉절이

변비 지옥에서 탈출시켜 준 고마운 나물. 그런데 나물 무치기만큼 어려운 게 어디 있어? 잠깐! 오늘 저녁 밥상에 올라온 이 겉절이는 해 볼 만할 것 같은데?

재료

봄동 100그램, 실파 5개

양념장

고춧가루 3큰술, 젓갈 2큰술, 다진 마늘 1큰술, 다진 생강 1/2큰술, 참기름 조금, 깨소금 조금

만드는 법

❶ 봄동과 실파를 깨끗하게 씻어. 봄동 대신 상추를 써도 돼.

❷ 봄동은 손으로 먹기 좋게 뜯고, 실파는 5센티미터 정도 길이로 썰어.

❸ 재료에 있는 양념을 모두 섞어 양념장을 만들자.

❹ 양념장에 봄동과 실파를 넣어 조물조물 무쳐.

손맛 추가요!

❺ 그릇에 먹기 좋게 담으면 파릇파릇 봄이 담긴 겉절이 완성!

완성!!

애니는 저녁을 먹고 방바닥에 누워 수첩을 만지작거렸다. 수첩은 끈으로 튼튼하게 묶여 있고 안에 있는 종이도 많이 헤지지 않았다. 백 년 정도 지났다면 믿을까 오백 년이 넘었다고는 보기 힘들었다. 처음에는 낡은 수첩이 마음에 안 들었는데 시간이 갈수록 마음이 쓰였다. 불쑥불쑥 나타나는 쫄기도 안 보이면 궁금했다.

"이봐, 쫄기. 거기 있으면 좀 나와 봐. 물어볼 말이 있어."

쫄기는 모습을 드러내지 않고 목소리로만 대답했다.

"왜 또 퉁퉁 부었어? 고추장 못 먹어서?"

"그 이야기는 왜 꺼내? 쓸데없는 말 하지 말고, 얼른 나타나. 물어볼 게 있다니까."

그러자 쫄기가 창문 앞에 짠 하고 나타났다. 애니는 깜짝 놀랐다.

"야! 다음에는 어디에 나타난다고 말하고 나와."

"도깨비한테 별걸 다 시킨다. 그래, 뭐가 궁금한데?"

"너 진짜 오백 년 동안 이 수첩에 살았어? 그런 것 치고는 수첩이 깨끗하잖아."

"오호, 이제 수첩에 관심을 가지게 되었구나. 듣던 중 반가운 소리네."

애니는 시침을 뚝 뗐다. 대신 좀 더 큰 소리로 물었다.

"수첩에서 오백 년 넘게 살았다는 건 거짓말이지?"

쫄기가 몸을 동글동글, 커다란 경단처럼 만들었다.

"거짓말 아니야. 하긴 내가 도깨비짓을 조금씩 부리긴 했지. 끈이 끊어지지 않게, 종이에 묻은 손때는 지워지게 주문을 외웠어. 물론 한 번에 고치진 않았어. 아주 조금씩 고쳐서 사람들은 내가 수첩을 고치고 있다는 걸 눈치채지 못했을 거야."

애니는 고개를 끄덕였다. 밥상에 차려진 나물로 햄버거를 만드는 쫄기라면 얼마든지 할 수 있는 일이다.

"아직도 고추장 때문에 화났어?"

쫄기가 애니의 표정을 살피며 물었다.

오늘따라 나물 반찬은 된장에 무친 시금치뿐이었는데, 애니가 제일 싫어하는 반찬이었다.

"된장으로 무친 시금치나물을 자꾸 먹으라잖아. 나 된장 진짜 싫어하거든. 그나마 된장보다는 고추장이 낫잖아. 그래서 한 숟갈 달랬더니, 그걸 안 주냐? 아깝나?"

애니는 기분이 상해 반찬 없이 밥만 꾸역꾸역 먹었다.

"그런데 된장에 무친 나물은 왜 안 먹어?"

애니는 손을 휘휘 내저었다.

"맛이 다르잖아. 고추장도 케첩에 비하면 별로지만 그래도 먹을 만해. 된장은 진짜 맛없어. 퀘퀘한 냄새가 나."

쫄기가 푸하하 웃었다.

"손애니! 하나만 알고 둘은 모르나 본데 된장하고 고추장, 간장은 한집안 식구야."

"말도 안 돼. 맛도 다르고 색도 다르잖아."

"참말이라니까."

하얀 절편 같던 쫄기 몸이 된장처럼 갈색으로 변했다가, 간장 같은 검은색으로 변했다가, 고추장 같은 빨간색으로 변했다.

"이제 보니 너 한남희랑 닮았구나."

"또 그 소리! 너만 알고 나는 모르는 사람이랑 비교하지 마. 비교 당하는 거, 딱 질색이야!"

"일단 들어 봐. 걔가 네 또래였을 때 말이야……."

한남희는 어릴 때부터 하는 짓이 남달랐어. 참을성이라고는 눈을 씻고 찾아보아도 없었거든.

어머니가 밥을 하는 동안 몰래 부엌에 들어가서 뜸을 들이는 솥뚜껑을 열어 맛을 보질 않나, 설빔을 짓는 어머니 손에서 동정도 안 달린 저고리를 채어 입고는 동네를 돌아다니질 않나, 하여간 말도 마. 남희 어머니 속이 부글부글 끓었을 거야. 내가 남희 어머니였다면 단번에 회초리를 들거나 발목을 잡아서 휙 거꾸로 매달았을 텐데.

남희 어머니는 딤채(김치의 옛 이름)를 참 잘 담갔어. 잘 익은 딤채는 시원하고 아삭아삭했지. 남희가 덤벙대고 뛰어다니면서 소금에 절인 무를 이리 섞었다 저리 섞었다, 소금물에서 뺐다 넣었다, 한 입 베어 물었다 뱉었다 하는데도 그 맛을 내는 걸 보면 참 신통할 정도였어.

딤채뿐인가? 장맛도 일품이었지. 그러다 보니 뜰에는 여러 개의 크고 작은 장독이 보기 좋게 놓여 있었어.

남희 어머니는 깨끗한 면 수건으로 장독을 닦고, 볕 좋은 날이면 장독 뚜껑을 열어 볕을 쬐게 했어. 볕이 없거나 비가 올 것 같으면 뚜껑을 닫았지. 장에 갔다가도 먹구름이 끼는 걸 보면 집으로 한걸음에 달려와 장독 뚜껑을 닫았어. 그렇게 정성을 들이는데 장맛이 안 좋을 리가 없지. 물론 내가 조금, 정말 눈곱만큼 힘을 보태긴 했어. 정성이 갸륵하면 맛도깨비도 힘을 보탠다는 말이 있거든.

그러던 어느 날, 나는 다른 날처럼 남희 어머니 소맷자락에서 빼꼼 밖을 내다보고 있었어. 그런데 남희 어머니가 손가락 길이만 한 빨간 채소를 돌확*에 갈더라고.

"에에에 에취!"

나랑 남희 어머니는 동시에 재채기를 했어.

돌확 | 돌로 만든 조그만 절구. 곡식을 으깨는 데 쓴다.

이런 냄새는 처음이었어. 코가 찔린 듯이 아프고 온몸이 화끈화끈 달아오르고 입이 저절로 열리면서 연거푸 재채기가 나왔어.

"아이고, 고초가 맵다더니 정말 맵구나."

아하! 그러니까 이 희한한 채소 이름이 고초였던 거야. 이제 고초가 뭔지 눈치챘지? 고초는 고추의 옛 이름이야. 생전 처음 보는 저 빨간 채소를 어떻게 먹을까 몹시 궁금했어. 그래서 짓찧은 고초로 무얼 하나 뚫어지게 보았어. 남희 어머니는 빻은 고초를 다른 양념들과 섞었어. 그런 다음에는 절인 무와 열무에 버무리지 뭐야.

가만, 아까 그 양념은 딤채 양념인 것 같은데. 그럼 저 매운 고초를 딤채에 넣는다고? 맙소사, 저걸 어떻게 먹으려고.

남희 어머니는 남은 고초를 햇볕에 내다 놓았어.

"그게 뭐예요?"

남희가 다가와 물었어.

"고초란다."

"고초란다? 무슨 이름이 그렇게 길어요?"

"아니, 고초."

남희 어머니가 피식 웃었어.

"고초?"

"말려야 하니까 이건 제발 건드리지 말아라."

남희 어머니는 당부하고 또 당부했어. 하지만 그 말을 곧이곧대로 듣고 있을 남희가 아니지. 나는 남희가 무슨 일을 벌일지 궁금했어. 그래서 남희 어머니가 안방에 들어간 사이에 몰래 빠져나와 남희를 지켜보았지.

남희는 채반에 널린 고초를 하나씩 손으로 눌러 보고, 햇볕에 비춰 보고, 그러다 한 입 덥석 베어 물었어.

"으아아앗!"

남희는 땅바닥에 털썩 주저앉아서 손가락으로 혓바닥을 마구 긁더니만

물을 벌컥벌컥 들이마셨어.

"으아아아, 매워, 매워! 매워어어어!"

남희가 펄쩍펄쩍 뛸 때마다 댕기가 팔랑팔랑 흔들렸어.

"아이고, 잘코사니(고소하게 여겨지는 일)다."

나는 혼잣말로 중얼거렸어. 그랬더니 남희가 귀를 쫑긋하며 손을 갖다 대지 뭐야.

"응? 누구 있어?"

이런, 이런. 이제는 내 혼잣말도 사람들이 들을 수 있나 봐. 그만큼 힘이 세졌다는 말이지. 좀 더 조심해야겠어. 나는 후다닥 수첩으로 돌아갔지.

며칠 동안 햇볕에 바짝 마른 고초는 오동통하던 본래 모습은 사라지고 껍질이 얇아졌어. 선홍색이었던 껍질은 검붉은 색으로 변했고. 남희 어머니가 바짝 마른 고초를 살살 흔들자 껍질 속에서 씨들이 싸악싸악 소리를 내며 움직였어.

"어디 한번 해 볼까?"

남희 어머니는 말린 고초를 다듬고 빻았어. 고초를 절구에 찧으면서 남희 어머니와 나는 번갈아서 또 동시에 재채기를 했어. 세상에, 이렇게 매운 냄새는 처음이었어.

"에에취!"

"에취, 에취!"

온 집 안에 고초 빻는 냄새가 물씬 풍겼어. 바깥에 나갔다 돌아와서 "에취!", 집안일을 하던 사람들도 "에취!", 궁금해서 못 참는 남희도 곁에 왔다가 "에취!", 하여튼 하루 종일 재채기 소리가 떠나지 않았지.

"도대체 이게, 에취! 무슨, 에취! 냄새요? 에취!"

참다못한 남희 아버지가 물었어.

"저녁 밥상에서 에취, 알려 드릴게요. 에취!"

남희 어머니도 재채기로 답했지.

덜렁이 남희와 달리, 남희 어머니는 성격이 참 찬찬했어. 처음 보는 음식에 대한 호기심도 컸지. 게다가 한 번 먹어 본 음식을 그럴싸하게 다시 만드는 재주도 뛰어났어. 이 맵디 매운 고초를 말려서 빻는 건 남희 어머니가 무언가를 생각하고 있기 때문일 거야. 그게 궁금해서 내 가슴이 쿵쿵 뛰더라고. 도대체 무슨 음식을 만들 셈인지 알고 싶었어.

그날 저녁 밥상 준비는 다른 날하고 별 다를 게 없는 것 같았어. 밥하고 국 끓이고, 나물을 준비할 때까지는 말이야. 그 뒤에 남희 어머니가 집안일을 함께 하는 양주댁과 함께 광으로 가더라고. 딤채 독 뚜껑을 여는데 한 번도 맡아 보지 못한 냄새가 그 독에서 솔솔 풍겼어. 어라, 이게 무슨 냄새지? 나는 무척 궁금했어. 시원하고 알싸하고 매콤하면서도 달콤한, 한마디로 표현하기 힘들지만 침이 꿀꺽 넘어가는 냄새였거든.

"이게 뭡니까요, 마님?"

양주댁이 넌지시 물었어.

"마른 고초를 갈아 넣고 딤채를 담그면 맛도 좋고 오래 간다기에 한번 해 봤네. 먹어 볼 텐가?"

"제가요?"

양주댁 눈이 동그래졌어. 한 번도 먹어 보지 못한 음식을 처음 먹는다니, 신기하고 가슴이 뛰는 일이지. 하지만 해로운 음식일까 봐 떨리기도 했을 거야.

망설이는 양주댁을 보자 남희 어머니는 빨갛게 양념이 된 무를 하나 꺼내 칼로 조금 자르더니 그 조각을 자기 입에 넣었어. 아삭아삭, 무가 씹히는 소리를 듣던 양주댁도 침을 꿀꺽 삼키고는 입을 벌려 작은 조각을 받아먹었지.

"어떤가?"

아삭아삭한 무를 오물오물 씹던 양주댁이 아까보다 더 크게 눈을 떴어.

"이게 웬 조화랍니까? 정말 맛납니다요. 열무도 그럴까요?"

남희 어머니는 열무도 한 줄기 떼어 냈어. 새빨간 양념이 묻은 열무 잎이 두 사람 입으로 들어갔어.

"참말 희한한 맛입니다."

양주댁이 감탄했어.

나도 한 줄기 슬쩍 맛보았지.

호오오 후아아. 매운데도 시원했어. 희한하게도 참 맛이 좋았지.

"아주 맛있게 익었어. 식구들이 좋아하겠네."

밥상을 받은 사람들은 처음 보는 음식에 너나 할 것 없이 고개를 갸우뚱거렸어. 하지만 남희 할아버지가 먼저 열무 딤채를 먹어 보고는 흡족해하자, 다른 가족들도 하나둘씩 젓가락을 들었지.

"우아, 정말 맛나요, 어머니!"

남희가 큰 목소리로 말했어.

그날 저녁 딤채를 담았던 접시에는 국물 한 방울 남지 않았어.

남희는 딤채 맛에 푹 빠져서 시간이 날 때마다 광에 들락날락했어. 국물을 손으로 찍어 먹고, 무를 꺼내 우적우적 씹으며 돌아다녔지. 그러니 옷마다 빨간 국물이 떨어졌고 심지어 남희 방에는 딤채 향이 은은하게 밸 정도였어.

남희가 이 맛난 걸 다 먹어 치우기 전에, 나도 남희 어머니가 밥상에 딤채를 올릴 때마다 한 입씩 슬쩍 먹었어. 국물 한 번 꿀꺽, 무 한 입 와작. 솥에서 밥을 풀 때 또 한 입 꿀꺽. 딤채 한 입 베어 물면 밥맛이 절로 돌았어. 나도 딤채 덕에 호강하면서 보냈지.

남희 어머니는 또 다른 일에 도전했어. 겨울이 다 지나고 초봄이 되었을 때였어.

겨우내 처마 밑에서 말린 메주에서는 쿠린내가 물씬 풍겼어. 남희 어머니는 말린 메주를 꺼내 박박 씻었어. 여기까지는 다른 때와 다를 바 없었어. 이걸로 간장을 만들고, 간장을 거르고 남은 것으로 된장을 만들겠지. 그런데 남희 어머니가 메주 덩어리 한쪽을 떼어 빻더니만 삶은 찹쌀 경단, 엿기름 국물, 말린 고초 가루를 섞지 뭐야. 나도 놀라고, 양주댁도 놀라고, 옆에서 지켜보던 남희도 놀랐어.

"된장 만드시는 거 아니에요?"

양주댁이 물었어.

"호호. 고추장을 담가 보려고."

이미 고초에 버무린 딤채 맛에 푹 빠진 남희는 입을 헤 벌렸어.

"어머니, 그럼 그것도 맛나우?"

"글쎄다."

"아이, 알려 주세요."

"기다려 보렴."

"칫! 만날 기다리래."

세상에서 남희가 제일 못 하는 걸 하라니, 참 잔인한 이야기야. 역시나

기다릴 남희가 아니었지. 남희는 버무리는 도중에 이미 손가락을 푹 찍어서 고초장을 날름 먹었어.

"아유, 매워. 그런데 맛이 꽤 좋은데요."

그러더니 다시 손가락을 푹 집어넣었어. 나도 슬쩍 맛을 보았지. 후아 후아, 입에서 불이 나는 것 같았어. 그런데 희한한 일이지. 매운데도 자꾸만 먹고 싶더란 말이야.

"이젠 안 된다. 기다리렴."

남희 어머니는 고초장을 작은 단지에 담고 뚜껑을 덮었어.

그날부터 남희와 남희 어머니의 숨바꼭질이 시작되었어. 남희는 어머니가 안 볼 때 슬쩍 고초장 단지를 열고 손가락으로 푹 찍었어. 남희 어머니는 손가락 자국이 난 고초장 단지를 보고는 남희를 혼냈어. 그러면 남희는 눈물을 뚝뚝 흘리면서 잘못했다고 빌지만, 그때뿐이야. 또 그다음 날이면 고초장을 몰래 찍어 먹었지.

"안 되겠다. 너, 오늘부터는 절대 이 단지를 열면 안 된다."

남희는 어머니가 전에 없이 무섭게 하는 말에 살짝 주눅이 들었어.

"진짜 맛있는데……."

"하여간 절대 안 돼. 기다려."

남희 어머니는 고초장 단지를 뒤주 위에 올려놓았어. 그러니 키가 작은 남희는 까치발을 해도 닿지 않았지.

약이 오른 남희는 남희대로 온갖 어깃장을 다 부렸어.

밥을 잘 안 먹고, 반찬 투정을 하고, 저고리 섶을 뜯어 놓고, 치마 솔기를 밟아 놓고, 안방 문 창호지에 손가락으로 송송 구멍을 내고, 부엌 앞에서 풀쩍풀쩍 먼지 나게 뛰고.

"아무리 그래도 어림없다!"

이번에는 어머니도 단단히 마음을 먹었나 봐. 남희가 어떤 일을 벌여도 눈 하나 깜짝 하지 않았으니 말이야.

한 달이 지났어.

저녁 무렵 남희와 어머니는 남희 방에 마주앉았어. 남희는 자기 앞에 놓인 상과 어머니 앞에 놓인 상을 번갈아 보았어. 아무리 봐도 두 상이 사뭇 달랐거든.

어머니 상에는 두부조림과 파강회*, 밥과 애탕국*이 놓였어. 남희 밥상에는 밥과 간장은 어머니 상과 같았지만 파강회와 두부조림은 없었어. 대신 된장찌개와 고사리나물, 무말랭이무침 그리고 고초장이 놓였지.

"왜 상이 달라요?"

파강회 | 미나리나 파 따위를 데쳐 엄지손가락 정도의 길이로 돌돌 감아 초고추장에 찍어 먹는 음식.
애탕국 | 데친 쑥을 다져 완자로 빚고, 밀가루와 계란 옷을 입혀 익힌 다음, 육수를 낸 국물에 넣어 끓인 음식.

나도 묻고 싶었던 말이야. 이렇게 상이 다르면 도대체 어느 밥상의 것을 먼저 맛봐야 할지 감이 안 오거든.

"오늘은 네게 문제를 낼까 한다."

"문제요?"

"그래, 문제. 네 밥상에는 어미 밥상에 없는 게 숨어 있단다. 그걸 찾아 보렴."

남희 눈이 반짝 빛났어. 남희는 젓가락을 부리나케 들어서 밥그릇을 쑤시고, 고사리나물을 파헤치고 무말랭이무침을 헤집고 된장찌개를 휘휘 젓고, 간장과 고초장을 뱅뱅 돌렸어. 그래도 만족할 만한 답을 못 찾자 그릇마다 들어 올려 바닥을 살폈지. 마지막에는 바닥에 납작 엎드려 상 밑바닥까지 살폈어.

그런 다음에는 어머니 밥상 쪽으로 다가와 두부조림과 파강회, 애탕국을 젓가락으로 찔러 보았어.

"어머니 밥상에 오른 찬들은 다 맛나 보이고, 내 밥상에 오른 찬들은 별로 맛이 없어 보이는 차이만 있는데요."

남희가 불퉁하게 쏘아붙이자 어머니가 맞받았지.

"네 밥상에는 고초장도 놓았잖니."

"쳇, 그래 봤자 고초장 하나잖아요."

"그래? 정말 모르는가 보구나. 좋아, 그럼 그 고초장을 맛보렴."

남희는 입을 불쑥 내민 채 젓가락으로 고초장을 찍었어. 그 젓가락 끝이 입속으로 들어가자마자 남희는 튀어나왔던 입을 쏙 집어넣었지.

"고초장 맛이 달라졌어요. 어떻게 된 거예요?"

"어떻게 다른데?"

"전에는 매콤하고 달콤했지만 약간 떫은맛이 났어요. 그런데 지금은 그 떫은맛이 없어졌네요. 전보다 더 맛이 좋아요."

남희는 숟가락 끝으로 고초장을 찍어 밥에 살짝 묻혀 쓱쓱 비볐지.

"어머니도 고초장 맛을 보셨어요?"

"보았지."

"어떻게 이렇게 달라졌을까요?"

"그 답이랑 네 밥상에 숨은 것이 똑같단다."

그러자 믿기지 않는 일이 일어났어. 덜렁대고 도대체 기다리는 법이라고는 모르던 남희가 물끄러미 자기 밥상을 살피지 뭐야. 숟가락까지 상에 내려놓고 말이지.

"잘 모르겠어요. 가르쳐 주세요."

남희가 이렇게 가르쳐 달라고 말하는 것도 처음이었어.

"네 밥상에는 시간이 숨어 있단다."

"시간이라고요?"

"그래, 시간. 처음 먹은 고초장에서 떫은맛이 났던 건 아직 덜 익어서 그런 게지. 시간이 지나면서 메줏가루가 모든 재료를 어울리게 만들어 더 좋은 맛이 난다고 들었다. 네 밥상에 놓인 고사리나물도 그래. 어린 순을 데쳐서 말리고, 그걸 다시 불리고 삶아서 무치잖니. 시간이 보통 걸리는 게 아니지. 무말랭이는 또 어떻고. 된장과 간장도 시간이 어느 정도 지나야 그 맛이 나거든."

남희는 한동안 입을 꾹 다물었어.

"그럼 어머니, 혹시 기다리거나 참지 못하면 그 시간이 담긴 맛을 느낄 수 없나요?"

"아마도. 기다리고 참는 사람은 더 깊은 맛을 볼 수 있단다."

남희가 고개를 끄덕였어. 그러더니 제법 의젓하게 이러지 뭐야.

"어머니! 먼저 드세요."

내일은 해가 서쪽에서 뜨겠어. 정말 남희가 달라지려나 봐.

"같이 먹자꾸나. 음식 식겠다."

남희와 어머니는 나란히 숟가락을 들었어. 남희는 밥 한 숟갈, 찌개 한 모금을 천천히 먹었어. 그릇에 담긴 음식들 하나하나가 지닌 맛을 제대로 느끼려는 것 같았어.

덕분에 나도 아주 천천히 맛을 보았지. 된장찌개가 품은 구수한 맛도 느끼고, 간장이 내는 짠맛도 보고, 고사리나물이랑 무말랭이, 두부조림에 파강회, 애탕국까지. 두 상이나 차렸으니 내가 제일 바빴지. 이리저리 왔다 갔다, 정신없이 맛을 보았어. 고초장은 정말 맛이 좋았어. 매운데도 자꾸 손이 가더란 말이지.

'이런 맛을 제대로 보려면 내 힘이 더 세져야 하는데. 그래야 고초장 한 단지쯤은 거뜬히 먹어 치울 텐데.'

정말 아쉬웠어.

애니는 입가에 고인 침을 손등으로 닦았다. 말만 들어도 군침이 돌았다. 애탕국은 처음 들어 보는 음식 이름이라 무슨 맛일지 궁금했다. 파강회는 먹어 본 적이 있을 텐데 어떤 맛이었는지 기억이 잘 나지 않았다.

"그래서, 남희는 어떻게 됐어?"

"어떻게 되긴. 봐! 이게 남희 글씨야. 참나물 된장 무침, 초고초장이라고 쓴 거 보이지?"

"아하, 그렇게 읽는 거구나. 그런데 남희는 무슨 음식을 가장 좋아했어?"

"그거야 고추장이지."

"그래? 고추장을 좋아했단 말이지? 음……."

애니가 수첩을 살살 쓰다듬었다.

쫄기는 배시시 웃으며 경단 같은 몸을 동글동글 굴렸다.

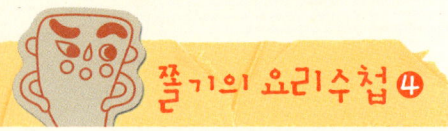

집집마다 달랐던 장맛이 왜 같아졌나?

예전에는 집집마다 장맛이 다 달랐어. 그래서 장맛을 보고 그 집의 음식 솜씨를 평가하기도 했지. 요즘에는 공장에서 만든 간장을 사 먹는 경우가 많아서 집집마다 간장 맛이 똑같거나 비슷해졌어. 집에서 간장을 담그기 번거롭다면 제대로 담근 간장을 찾아서 먹어야 해. 앞에서 말했듯이 양념은 약이나 다름없으니까.

간장은 오래될수록 영양도 높아지고 맛도 더 좋아져. 어떤 집에는 350년이나 묵은 간장이 있대. 딱딱하게 굳은 그 간장을 조금씩 떼어 새 간장을 만들 때 넣는대. 그러면 맛이 더 좋아진다고 해. 350년 전이면 조선 17대 왕 효종이 다스리던 때야. 그때 만들어진 걸 아직까지 먹을 수 있다니, 정말 놀랍지?

간장과 된장에는 몸에 좋은 균이 사는데, 그 균을 제대로 살아 있게 하려면 햇볕을 쬐고 바람을 잘 통하게 해야 해. 좋은 장맛은 장독을 어떻게 관리했느냐에 따라 달라진다고 하니, 항아리가 숨을 잘 쉴 수 있게 늘 닦아 줘야 해.

된장에는 몸에 좋은 영양소가 듬뿍!

간장과 된장은 콩으로 만들어. 콩에는 단백질이 무려 40퍼센트나 들어 있지만 날것으로 먹으면 배탈이 날 수도 있어. 간장과 된장은 콩의 이런 성질을 잘 이용한 똑똑한 발효 식품이야.

간장과 된장은 메주로 만드는 거 알지? 콩을 삶아 뭉쳐서 말린 것 말이야. 메주를 어떻게 발효시켰는지, 소금을 얼마나 넣었는지에 따라 장맛이 달라져. 장맛에 따라 음식 맛도 달라지는 건 당연하지 않겠어?

된장 안에는 좋은 성분이 많이 들어 있어. 천연 호르몬인 이소플라본과 대장을 튼튼하게 만드는 올리고당, 비만을 막아 주는 사포닌, 피부를 좋게 하는 레시틴, 변비에 좋은 식이섬유도 들어 있지. 이 성분들은 발효가 되면서 더 많아져. 장이 튼튼해져서 황금색 똥을 보고 싶은 친구들은 된장을 자주 먹으라고.

김치는 얼마나 오래된 음식일까?

우리 밥상에 빠지지 않는 게 바로 김치야. 김치는 배추나 무 같은 재료를 소금에 절이고 양념에 무쳐 만들지. 김치는 고려 말에 나온 책에서 처음 나타나.

고려 시대 때는 채소를 소금에 절이고 양념으로 천초나 마늘, 생강을 섞어 만들었어. 고추가 아직 우리나라에 들어오지 않았을 때라 색깔이 하얀 김치였지. 채소에 소금을 많이 뿌리면 채소 안에 있는 물이 바깥으로 빠져나와서 채소가 물에 잠긴 것처럼 변해. 그래서 채소가 물에 잠겼다는 뜻으로 '침채'라고 불렀어. 그 뒤에는 '팀채'로 이름이 바뀌었어. 그런데 '팀채'라는 발음이 어려웠는지 '딤채'로 바뀌고, 다시 '김채'로 바뀌었지. 그리고 마침내 지금의 '김치'가 되었어. ==침채→팀채→딤채→김채→김치== 순서로 김치의 이름이 바뀐 거지. '김치'의 이름이 이처럼 많이 달라진 것은 그만큼 오래된 음식이고, 많은 사람들이 먹었다는 뜻이야.

조선 중기 임진왜란 이후에 고춧가루가 우리나라에 들어오면서 고춧가루를 김치 양념에 쓰기 시작했어. 고춧가루가 김치에 들어가면서 김치가 상하는 일이 덜하고 맛도 좋아졌어. 차츰 김치 양념에 고춧가루가 들어가는 일이 잦아지고, 지금처럼 김치 양념에는 으레 고춧가루가 들어가는 걸로 굳어졌지.

다른 나라에도 발효 음식이 있을까?

우리나라의 대표적인 발효 음식은 뭐가 있지? 위에서 말한 간장, 된장 말고도 고추장, 청국장, 김치, 젓갈 들이 있어. 다른 나라에도 발효 음식이 많아.

중국 면장은 짜장면에 들어가는 짜장이야. 콩과 밀가루를 발효시켜 만들지. 취두부는 두부를 삭혀 만드는데 냄새가 대단해.

일본 일본식 젓갈인 시오카라, 삶은 콩을 발효시킨 낫토, 생선 내장에 쌀밥을 넣어 발효시킨 나래즈시, 일본된장인 미소, 구운 가다랑어를 발효시킨 가쓰오부시가 있어.

인도 쌀가루 반죽을 발효시켜 만드는 인도식 떡인 이들리, 전통 요구르트인 라씨, 삶은 콩을 발효시킨 스자체, 그리고 밀가루 반죽을 발효시킨 난이 있어.

인도네시아 콩 발효 음식인 템페, 땅콩이나 콩을 발효시킨 온쫌이 있어.

태국 삶은 콩을 발효시킨 토아나오가 유명해.

네팔 청국장과 비슷한 키네마라는 음식이 있어.

불가리아 우유를 발효시킨 요구르트가 있어.

프랑스 카망베르 치즈가 유명해.

일본의 나래즈시

인도의 이들리

장떡

된장도 고추장도 그렇게 좋아하지 않아. 먹는 건 떡볶이 정도? 그런데 얼마 전에 된장과 고추장에 대한 편견을 깨준 음식을 만났어. 소개할게. 쫄깃하고 고소한 장떡이야.

재료

밀가루 2컵, 물 2컵, 고추장 1큰술, 된장 1큰술, 부추 한 줌, 깻잎 5장, 식용유

만드는 법

❶ 부추와 깻잎을 깨끗이 씻어. 부추는 5센티미터 크기, 깻잎은 굵게 잘라. 가위로 싹둑싹둑 자르면 편하지.

❷ 큰 그릇 두 개를 준비해서 각각 밀가루 한 컵과 물 한 컵씩을 붓고 잘 섞어.

❸ 그릇 하나에는 고추장, 또 하나에는 된장을 넣어.

❹ 부추와 깻잎을 각각의 그릇에 똑같이 나누어 넣고 또 골고루 섞어.

❺ 프라이팬을 달구고 식용유를 둘러.

❻ 반죽을 떠서 손바닥만 한 크기로 노릇노릇 부치면, 두 가지 맛 장떡 완성!

간장 된장 고추장은 한 식구

 ● 간장, 된장, 고추장이 한 식구라고? 아무나 식구래!

 ● 맞다니까. 그럼 지금부터 왜 한 식구인지 알려 주지! 그 뿌리는 메주야.

 ● 메주? 으웩! 그 쾌쾌하고 더러운 거?

 ● 아이고, 아직도 이렇게 뭘 몰라서야! 쾌쾌하고 더럽다고? 메주가 없으면 지금 네가 날마다 먹는 밥상은 절대로 못 차리거든?

 ● 어째서? 어째서 그런데?

 ● 아휴, 어쩔 수 없이 이 쫄기님이 나서야겠군. 잘 들어, 기본 중의 기본인 장 이야기를 할 테니.

장의 기본, 메주

메주를 삶고 찧고 만들어 말린 뒤 씻기!

는 으로 만들어. 콩을 비린내가 나지 않게 잘 삶아서 에 건져 물기를 빼. 그러고 나서 절구에 넣고 콩콩 찧지. 이젠 메주를 빚을 차례인데 뭉쳐서 네모나고 단단하게 빚으면 돼. 네 얼굴만 하게 빚으면 되겠다. 예쁘게 빚은 메주는 잘 말려야 하는데, 으로 동여매서 매달거나 짚을 깔고 한 달 정도 말리지. 다 마른 메주에는 가 피어 있어. 이것 때문에 더러운 메주 어쩌고 했던 거지? 그런데 이 곰팡이는 아주 고마운 곰팡이야. 메주가 마르는 동안 미생물이 들어가서 콩을 분해하고 장의 맛과 향기를 내게 되거든. 그 증거가 바로 이 곰팡이라고. 장을 담그기 전에 곰팡이를 로 박박 밀어서 씻은 다음 에 바짝 말리면, 장의 기본이 되는 메주 완성!

100

간을 맞추며
맛도 내는
큰형님, 간장

소금물 넣고, 햇볕 쪼이고, 팔팔 끓여!

소독한 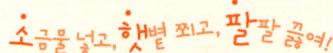에 를 넣고 물을 부어. 그리고 소금을 넣어. 소금물 농도는 을 넣어 반 정도 떠오르는 정도면 오케이! 이젠 을 쬐어 줘야 해. 볕이 날 때는 을 열고, 해가 지거나 비가 오면 뚜껑을 닫고 **40일**을 기다려. 40일이 지나면 항아리에 든 물을 잘 따라내. 이제 그 물을 팔팔 끓이면 우리집 반찬의 맛과 간을 책임질 간장 완성!

밥상의
건강 지킴이,
된장

건져 내어 주무르고 소금물로 간하고 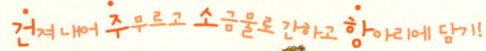아리에 담기!

을 만들고 남은 는 이제 어떻게 할까? 버린다고? 아냐, 아냐. 잘 익은 메주는 건져 내어 을 담가. 메주를 잘게 주무르고 소금물로 간을 맞춰서 에 담으면 돼. 여기에도 을 넣어 간을 맞추냐고? 아니. 간장처럼 물도 아닌데 달걀을 넣는다고 떠오르겠어? 된장은 그 집의 입맛에 맞게 적당히 짭조롬하게 간을 맞추면 돼. 간장처럼 **40일**쯤 을 쬐어 주면 된장 완성!

입맛 돋우는
매콤 알싸한,
고추장

메주를 갈아서 찹쌀풀을 섞어 소금물로 간하고 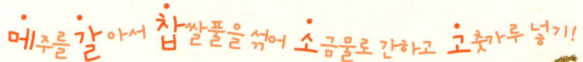고춧가루 넣기!

고추장에는 메줏가루가 들어가. 깨끗하게 씻어 말린 를 잘 갈아서 메줏가루를 만들거든. 그 메줏가루에 찹쌀풀을 쑤거나 (찹쌀 경단)을 만들어서 넣는 거야. 여기에 을 조금 넣거나 소금물로 간을 맞추는 거지. 마지막으로 고춧가루를 넣는데 색깔을 살피면서 적당히 넣으면 돼. 역시나 **40일**쯤 을 쬐고 기다려 주면 매콤 알싸한 고추장 완성!

오랜만에 애니네 집이 시끌벅적했다. 아빠 친구들이 집에 와서, 애니 엄마는 음식 준비에 신경을 많이 썼다. 갈비찜, 잡채, 매운탕과 각종 나물이 상에 올랐다. 애니는 상에 오른 음식들을 자세히 살폈다.

음식은 다른 때와 비슷했는데 음식 위에 초록색, 빨간색, 노란색, 검은색, 흰색 장식을 올린 것이 특별했다.

"우아, 정말 멋집니다."

"잘 먹겠습니다."

애니도 손님들처럼 침을 꿀꺽 삼켰다.

손님들이 식사를 마치고 다 돌아간 다음, 애니는 상을 치우는 일을 거들었다.

"엄마, 아까 음식에 올렸던 장식 말이야. 초록색은 뭐야?"

"아, 그거? 미나리적이야."

"그럼 검은색은?"

"계란 흰자에 석이버섯 가루를 섞었지."

엄마는 설거지를 하느라 바빴다.

애니는 슬그머니 자기 방으로 들어갔다.

"쫄기야, 쫄기야?"

쫄기가 짠 하고 나타났다. 빵빵하게 부풀어 오른 모양이 꼭 바람떡 같았다.

"몸이 왜 그래?"

"어, 많이 집어 먹어서 그래. 너희 엄마가 만든 갈비찜 정말 맛나더라. 잡채는 또 어떻고. 당면만 빼면 옛날에 먹던 맛이랑 똑같아."

"당면을 왜 빼? 잡채는 당면 맛으로 먹는 건데."

"옛날에는 잡채에 당면을 넣지 않았어. 채소를 볶아서 겨자와 소금을 섞은 양념에 무쳤지."

처음 듣는 말이었다. 애니는 당면이 빠진 잡채는 상상할 수 없었다.

"쫄기야, 다른 때와 다르게 오늘은 음식에 장식을 많이 올렸잖아."

"아하, 그거? 고명이야."

"이름이 있었구나. 신기하다."

"음식을 모양내어 맛을 돋우는 장식이지. 다른 말로 '웃고명', '꾸미'라고도 해. 식혜에 잣을 띄우잖아. 그것도 고명이야."

"고명, 참 예쁜 이름이다."

애니는 고명이라는 이름을 몇 번이나 읊조리듯 말했다.

"이름만 예쁜가? 알고 보면 그 고명에 큰 우주가 담겨 있다고."

"거짓말 하지 마. 기껏해야 장식인데, 우주까지 끌어다 붙이기는……."

애니 말이 끝나기도 전에 쫄기가 따악 소리가 나게 손가락을 튀겼다. 그러자 애니 눈앞에 큰 그릇이 나타났다. 그릇에는 밥과 갖은 채소가 담겼고, 그 위에 검은색, 흰색, 빨간색, 푸른색, 노란색 고명이 올려져 있었다. 비빔밥인 것 같았다.

"여기 있는 검은색 고명!"

쫄기가 검은색 고명을 가리키며 말하자 검은색 지단이 양옆으로 솟아올랐다.

"이 검은색은 겨울, 북쪽, 물을 뜻해."

"여기 이 흰색 고명. 이건 가을과 서쪽, 쇠붙이를 뜻하고."

흰색 지단이 떠올라 검은색 바로 옆에 놓였다.

이번에는 얇게 썬 붉은 고추가 올랐다.

"빨간색은 여름과 남쪽, 불을 뜻해."

그리고 미나리적이 올랐다. 네모나게 잘려서 가지런히 놓이니 푸른색이 더 두드러졌다.

"푸른색은 봄과 동쪽, 나무를 뜻해."

노란 지단이 제일 마지막에 놓였다.

"마지막으로 노란색, 이건 중심을 나타내고 흙을 뜻하지."

"이렇게 다섯 가지 색으로 동서남북, 봄·여름·가을·겨울에 온 우주의 이치까지 나타냈다니까."

애니가 침을 꿀꺽 삼켰다. 저녁을 배가 부르게 먹었는데도 고명으로 예쁘게 장식된 비빔밥을 보자 군침이 돌았다.

"비빔밥을 보니 이종태라는 역관이 떠오르네."

"역관이 뭔데?"

"조선 시대에 통역을 맡아보던 관리를 말해. 지금으로 치면, 통역사라고 할 수 있지."

이제 몇십 년만 채우면 오백 년이 다 될 즈음이었어. 나한테도 힘이 어지간히 붙었을 때였지. 그때 생전 처음 다른 집안의 사람한테 수첩이 넘겨지는 일이 벌어졌어. 혹시 수첩을 상하게 하거나, 잃어버릴까 봐 얼마나 조마조마했다고.

당시 수첩 주인은 최참봉 댁 마님이었어. 어느 날 마님은 하루 종일 안절부절못하더니, 보따리 안에 그릇 하나를 담고 그 안에 수첩을 넣었어. 나는 수첩에서 살며시 빠져나와 보따리 위에 앉았지. 마님은 보따리를 들고 밖으로 나섰어. 골목을 세 번 꺾고 장터를 건너 다다른 곳은 작지만 깔끔한 초가집이었어.

"아니, 마님이 어쩐 일이십니까?"

마님을 반갑게 맞은 사람은 이천댁이었어. 남편이 이종태라는 역관이었지.

"자네 남편이 이번에 일을 벌였다지?"

이천댁이 한숨을 푹 쉬었어.

"그러게 말입니다. 망원경인지 뭔지, 먼 데까지 내다볼 수 있는 물건을 제돌인가 뭔가 하는 사람이 들이대면서, 온 세상을 볼 수 있는 이런 물건을 만드는 자기 나라가 온 세상의 중심이라고 했답니다. 이 나라 조선 따위는 아무것도 아니라고요."

그즈음 조선에는 외국인들이 꽤 많이 들어왔어. 그 전에 내가 본 외국인들은 사막에 사는 아랍인이나 명나라, 청나라 사람(지금의 중국인), 왜인(지금의 일본인)들이 다였는데, 그즈음의 외국인들은 파란 눈에 갈색 머리카락은 물론이거니와 금색 머리카락을 가진 사람도 있더라니까. 내가 아는 세상이 얼마나 좁았는지 새삼 깨닫게 되더라고. 그 사람들이 사는 곳은 어떤 곳인지 궁금하기도 하고 말이야.

그런데 곰곰 생각하니까, 그 제돌이라는 사람이 참 예의가 없어. 자기가 뭐라고 자기 나라가 온 세상의 중심이네 마네, 조선이 별것 아니네 마네 하느냐, 이 말이지. 그깟 망원경 하나 가졌다고 남을 얕본다는 게 말이 돼? 나는 나대로 약이 올라 씩씩 콧김을 뿜었어.

그때 마님이 넌지시 물었어.

"그 이야기를 듣고 이 역관이 그까짓 온 세상이 대수냐, 나는 온 우주를 늘 보고 손에 쥐락펴락한다. 그랬다지?"

"허풍이 좀 있다고 여기긴 했지만, 그 정도로 심할 줄 누가 알았겠습니까?"

"그 양인(서양인)이 사흘 안에 증거를 못 대면 이 역관의 목을 치겠다고 했다지? 참, 기막힌 노릇일세."

"마님! 이 일을 어쩌면 좋습니까."

이천댁은 금방이라도 울 것 같은 표정으로 마님을 바라보았어.

그러자 마님이 들고 온 보따리를 풀었어. 보따리 안에 든 그릇은 신선로*였어. 마님은 신선로와 수첩을 이천댁에게 건넸지.

"이건, 신선로잖습니까?"

"그래. 신선로지. 내가 알기로는 여기에 그 답이 있을 듯하네."

"답이라고요?"

"그래, 답."

한동안 멍하니 있던 이천댁이 그 뜻을 알아채고는 무릎을 탁 쳤어.

"그런 수가 있었군요. 그런데 그게 양인에게 먹힐까요?"

"틀린 말이 아니잖은가. 그 사람이 온 세상을 보는 동안, 우리는 온 우주

신선로 | 그릇 가운데에 숯불을 피우고 둘레에 여러 가지 재료를 넣어 끓이면서 먹을 수 있는 조리 도구 혹은 그 음식.

를 쥐락펴락하며 살잖나."

 마님이 집으로 돌아가자, 이천댁은 수첩을 펼쳐 놓고 이런저런 궁리를 했어.

 밤늦은 시간, 멀리 동구 밖에서부터 땅이 꺼져라 한숨을 쉬는 소리가 내 귀에까지 들려왔어. 한숨소리는 점점 더 가까워졌지. 나는 이 역관이 오고 있다는 걸 알아차렸지. 사람 참, 큰소리를 떵떵 쳤으면 뭔가 해결할 방법을 찾아야지. 넋 놓고 한숨만 쉬면 어째. 하지만 저렇게 한숨을 쉬는 것도 이해는 돼. 내일 저녁때까지 그 문제를 풀지 못하면 목을 내놓아야 하니, 원. 그러게 아무리 허풍이 세도 그렇지 자기 목숨을 내놓고 내기를 하는 사람이 어디 있담.

이 역관이 대문을 열자 이천댁이 버선발로 달려 나갔어.

"방법을 찾았어요, 방법을!"

"뭐? 어떤 방법?"

이천댁은 이 역관한테 최참봉 댁 마님이 다녀갔다는 이야기와 마님이 알려 준 방법을 술술 털어놓았어. 이야기를 다 들은 이 역관은 이천댁 손을 맞잡고 제자리에서 방방 뛰었지.

"진짜 좋은 방법이네, 진짜!"

"내일은 하루 종일 바쁠 것 같아요. 내일 저녁에 제돌인지 개돌인지, 아무튼 그 사람을 우리 집으로 오라 하세요."

"제돌이가 아니라 제임스라니까. 아무튼 나도 일 끝나는 대로 와서 도와줄 테니 함께 해 봅시다."

제돌이가 아니고 제임스? 나는 혼자 쿡쿡 웃었어.

다음 날 이천댁은 정말 바빴어. 아침나절에는 온 집 안을 쓸고 닦는 데 공을 들였어. 집 안 정리가 끝나자 뒤뜰에 있는 닭장에서 달걀을 세 개 꺼냈고, 은행 껍질을 까고, 미나리를 꼬치에 꿰고, 잇꽃(홍화) 물에 무를 붉게 물들였어. 엊저녁에 손질해서 잘 말린 석이버섯을 곱게 빻아 가루도 만들었지.

그런 다음에 온갖 재료를 씻고 다듬고 불리고 절이고 데치고……. 혼자 일을 하려니 얼마나 바빠. 그래서 이천댁이 뒤돌아서 있는 동안 내가 슬쩍슬쩍 일을 거들었지.

"이상하네, 분명히 꼬치에 두 개를 꿴 것 같은데, 이게 몇 개야? 석이버섯 가루는 아까보다 더 곱게 빻아진 것 같고. 내가 잘못 봤나? 아니다, 아니야. 너무 바빠서 잊어버린 거야. 아무렴. 여기 거들 사람이 누가 있다고."

물론 거들 사람은 없지. 이 맛도깨비 쫄기 님이 있을 뿐이지. 히히.

일을 일찍 끝내고 돌아온 이 역관도 손을 거들면서 음식이 조금씩 모양을 갖추기 시작했어. 집 안 가득 고소한 냄새가 풍겼어. 음식을 하는 내내 이 역관은 부인인 이천댁에게 이런저런 질문을 던졌고, 이천댁은 제임스랑 이야기하는 것처럼 차근차근 대답을 했어.

밤늦게 제임스가 찾아왔어. 키는 장대처럼 크고 눈은 새파랗고 머리카락은 노랗고 살갗은 하얀, 조금 희한하게 생긴 사람이었어. 나는 속으로 쿡쿡 웃었어. 꼭 낮도깨비처럼 생겼더라고. 당당하게 집 안으로 들어서는 제임스와 달리 이 역관은 뭐가 불편한지 자꾸 헛기침을 했어.

제임스가 방 안으로 들어가고, 곧이어 이천댁이 상을 들였어. 이 역관, 제임스, 이천댁 앞에 상이 하나씩 각각 놓였지. 상에는 신선로와 비빔밥, 간장과 젓갈이 보기 좋게 올라 있었어.

"자, 이게 제 우주입니다."

이 역관이 천연덕스럽게 말했어. 제임스가 입을 딱 벌리는가 싶더니 피식 웃었어.

"장난이죠?"

제임스가 일본 말로 말했어. 이 사람은 조선말을 아예 모르나 봐. 이 역관이 제임스의 말을 조선말로 옮겨 이천댁한테 전해 주었어.

신선로에는 삶은 고기와 표고버섯을 썰어서 담고, 거기에 육수를 부었어. 그 위에 고기 완자*, 노란색과 흰색의 달걀 지단*, 석이버섯 가루를 달

갈흰자에 섞어 부친 검은색 지단, 잇꽃으로 물들인 붉은 무, 꼬치에 꿴 푸른 은행이 가지런히 놓였지. 한마디로 눈이 휘둥그레질 정도로 색이 고운 음식이었어.

옆에 놓인 비빔밥에도 색색의 갖은 고명들을 얹었어.

"이게 무슨 우주요? 음식이지."

제임스가 투덜댔어.

"음식 위에 놓인 것들이 안 보입니까?"

이 역관이 고개를 빳빳이 들고 물었지.

"노란색, 흰색, 초록색, 검은색, 붉은색 장식이 무척 화려하군요."

"우리는 이걸 고명이라고 부릅니다."

"그런데요?"

여기서 이 역관은 더 이상 이천댁한테 제임스의 말을 옮기지 않았어. 대신 이천댁을 넌지시 바라보았지. 이천댁은 제임스를 부드럽게 바라보며 입

완자 | 다진 고기에 달걀, 두부 따위를 섞어 둥글게 빚은 뒤 기름에 지진 음식.

지단 | 달걀의 흰자와 노른자를 따로 풀어서 얇게 부친 것.

을 열었어. 그 말을 이 역관이 제임스한테 일본 말로 옮겼고.

"푸른색은 나무, 붉은색은 불, 노란색은 흙, 흰색은 쇠, 검은색은 물을 뜻합니다. 이 다섯 가지 기운은 봄, 여름, 환절기, 가을, 겨울을 뜻하기도 하지요. 우리는 온 우주가 이 다섯 가지 기운이 서로 어울려 만들어진다고 생각합니다. 그래서 음식을 먹을 때마다 그 기운을 생각하고 느낀답니다."

'우아, 말 잘한다. 최고다!'

나는 이천댁의 말에 맞장구를 쳤어. 구구절절 이치에 딱딱 맞았어.

제임스는 이 역관이 옮겨 전하는 말을 듣고 다시 한참 동안 음식을 바라보았어. 특히 신선로를 뚫어지게 보더라고.

"아! 그럼 이게 단순한 장식이 아니라……."

제임스는 할 말을 잃은 듯 한참을 있다가 젓가락을 들어 고명을 하나씩 맛보았어. 이 역관은 고명을 조금씩 섞어서 음식이랑 같이 먹었어. 이천댁도 마찬가지였지. 두 사람이 먹는 모습을 보던 제임스도 따라 했어.

세 사람은 조용히 밥을 먹었어. 특히 제임스는 음식 맛을 충실히 느끼려는 듯 맛에 집중하려고 애썼지. 밥을 다 먹고 난 제임스가 마침내 이렇게 말했어.

"정말 놀라운 맛입니다. 고명이라는 이 장식이 단지 멋이 아니라, 그런 깊은 뜻을 품고 있다니……. 이 역관 말씀이 맞습니다. 늘 우주를 쥐락펴

락한다는 말이 헛말이 아니었군요. 대단합니다. 존경합니다!"

이 역관이 너털웃음을 터트리면서 그 말을 이천댁한테 전했지. 나도 수첩 속에서 껄껄 웃었어.

"그런데 이것은 이 역관 부부만의 생각입니까?"

그러자 이 역관이 이천댁한테 손을 내밀었지. 이천댁은 소맷부리에서 수첩을 꺼내 이 역관에게 주었어. 이 역관은 그 수첩을 제임스한테 건넸고.

"이게 뭡니까?"

"아주 오랫동안 대대로 전해 내려오는 수첩입니다. 우리 음식에 담긴 기본과 음식을 만드는 방법이 씌어 있지요. 우리는 음식에 대한 생각을 손에서 손으로, 입에서 입으로 전해 왔습니다."

"……."

제임스는 한참 동안 아무 말 없이 수첩을 한 장, 한 장 넘겨 보았어.

"아직 나는 제임스 씨와 제임스 씨의 나라에 대해 잘 모릅니다. 그래서 앞으로 제임스 씨와 제임스 씨의 나라를 더 알고 싶습니다. 친해지고 가까워지는 데 음식만큼 좋은 건 없지요. 다음에는 제임스 씨가 먹는 음식을 대접해 주십시오."

이 역관 말에 제임스가 고개를 끄덕였어. 나는 수첩 속에서 살짝 손을 뻗어 제임스의 손을 어루만졌지.

"수첩을 만지고 있으니 무척 따뜻한 기분이 듭니다."

제임스는 수첩을 돌려주며 이 역관의 손을 덥석 잡았어.

"제가 함부로 대했습니다. 죄송합니다."

이 역관은 껄껄 웃었어. 나도 수첩에서 빠져나와 세 사람 둘레를 빙빙 돌며 덩실덩실 어깨춤을 추었지.

그날 밤, 이 역관과 이천댁은 호롱불을 환히 밝히고 수첩의 내용을 똑같이 베껴 새로운 수첩을 하나 만들었어. 수첩에 담겨 있는 내용을 자기 자손들에게도 전해 주고 싶었거든. 최참봉 댁에 수첩을 돌려주고 나면 아무래도 다시 빌려 오기는 힘들 테니까 말이야.

나도 아주 작은 솜씨를 하나 부렸지. 새 수첩에 내 입김을 후욱 불어넣었어. 조금 더 단단해져서 오랜 시간 전해질 수 있기를 바라면서 힘을 조금 나눠 주었어. 혹시 또 알아? 나 같은 맛도깨비가 그 수첩에 깃들지. 세상 일은 아무도 모르는 거야. 아무렴, 그렇고말고.

 **쫄기의 요리수첩 ⑤**

명절에 먹는 특별한 음식

우리나라의 큰 명절은 설날, 한식, 단오, 추석이야. 흔히 4대 명절이라고 하지. 이외에도 크고 작은 명절에 특별한 음식을 만들어 먹으며 의미를 되새겼어. 어떤 날에 어떤 음식을 먹었을까?

설날 쌀로 길고 흰 가래떡을 만들어서 떡국을 끓였지. 흰색처럼 티 없이 맑게, 새로운 마음으로 새해를 맞으라는 뜻이야. 더불어 긴 가래떡처럼 오래 살기를 바랐어. 떡을 동글동글한 돈 모양으로 썰어서 부자가 되기를 바라는 마음도 담았지.

대보름 큰 달이 뜨는 정월 대보름에 풍년을 비는 마음을 담아 오곡밥과 아홉 가지 나물을 해 먹었어. 아홉 가지 나물은 겨우내 잃어버린 입맛을 돋우고 여름에 더위 먹지 말라는 뜻도 담겼어.

삼짇날 진달래가 필 즈음이라 꽃을 따서 화전을 부쳤어.

초파일 느티떡을 해 먹었어. 느티나무의 어린잎을 쌀가루에 섞어 찌는 떡이야. 느티나무는 절에서 귀하게 여기는 나무라서 스님들 그릇인 발우, 사리함을 느티나무로 만들어. 부처가 태어난 날 먹기에 의미 있는 떡이지?

단오 수리취떡을 해 먹었는데, 동그랗게 빚어 수레바퀴 모양의 떡살을 찍었어. 그래서 단오를 다른 말로 '수릿날'이라고 해.

유두 햇밀을 거둬들여 국수를 만들어 먹었어.

삼복 더위에 지치지 말고 잘 견디라는 의미로 삼계탕과 수박, 참외, 복숭아를 먹었어.

추석 새로 걷은 햇곡식을 넣고 달처럼 생긴 송편을 빚어 먹었어. 송편을 먹으면서 내년에도 풍년이 오기를 바랐지.

동짓날 팥죽을 쒔어. 악귀를 물리치고 올 한 해를 잘 마무리했으니, 한 살 더 먹을 자격이 있다는 뜻으로 팥죽을 한 그릇씩 뚝딱 먹었지.

당면이 없는 옛날 잡채

색색의 고명을 넣은 대표적인 우리나라 음식하면 뭐가 떠올라? 알록달록 빛깔이 예쁜 잡채지. '잡채'의 '잡'은 여러 가지가 섞였다는 의미이고, '채'는 가늘게 채 썬다는 의미지. 그러니까 잡채는 채 썬 여러 재료를 섞었다는 뜻이야. 잡채의 모양을 떠올려 보면 딱 맞지?

우리 조상들이 먹던 잡채는 지금의 잡채와는 달랐어. 조선 시대에 먹던 잡채는 갖가지 채소를 채 치고, 갓의 씨를 뺀 국물에 소금을 살짝 섞은 양념을 버무린 거였어.

요즘은 잡채라고 하면 '당면'이 먼저 떠오르잖아. 그런데 이 당면이 잡채에 처음 쓰이게 된 것은 1930년대부터야. 당면이 없는 옛날 잡채가 어떤 맛이었을지 상상해 봐.

비빔밥은 언제부터 먹었을까?

　세계 사람들에게 비빔밥은 우리나라를 대표하는 요리가 되었어. 언제부터 누가 먹기 시작했을까? 비빔밥이 처음으로 등장한 책은 1800년대 말에 나온 『시의전서』로 '부빔밥'이라고 써 있어. 예전에는 비빔밥을 만들 때 밥과 채소, 고기를 미리 양념해서 그릇에 담았어. 그러다 점차 색색의 고명을 올리는 지금의 화려한 비빔밥 형태로 변했지.

　비빔밥을 만드는 방법은 지역마다 달라. 가장 흔하게 구할 수 있는 재료들을 쓰니까 비빔밥의 맛도 다 달라.

> **전주** 소머리를 고아 그 국물로 밥을 지어. 거기에 콩나물을 많이 넣고 달걀 노른자를 날것으로 올려. 그릇은 유기를 쓰지.
>
> **진주** 콩나물 대신 숙주를 올려. 육회와 해초를 많이 넣고 고추장을 함께 올리지.
>
> **안동** 헛제삿밥이 유명한데, 헛제사란 진짜 제사는 아니지만 제사를 지낸 것처럼 차려 먹었다는 안동 지방의 특색 있는 음식 문화야. 이때 비빔밥을 먹었어. 고추장이 아니라 간장으로 비볐고 여기에 산적과 전, 구운 생선 토막을 올려.
>
> **거제도** 멍게젓과 김, 참기름을 넣고 비벼 먹어.
>
> **통영** 비빔밥에 톳, 방풍나물, 볶은 바지락을 넣어.

↳ 안동 헛제삿밥 상차림

↳ 전주 비빔밥

애니의 소곤소곤 비밀요리 5

동글동글 경단

보기 좋은 떡이 먹기도 좋다는 말은 경단에 딱맞아. 동글동글 말랑말랑 감촉도 좋지만 맛도 좋잖아. 하지만 속에 뭐가 들었는지 반전이 숨어있지.

재료
찹쌀가루 5컵, 소금 1/2큰술, 끓는 물 10큰술, 녹말가루 1/2컵, 카스테라, 콩가루, 볶은 깨

소 만들기
깨소금 2큰술＋설탕 1큰술, 삶아 으깬 고구마 5큰술＋설탕 1큰술, 모짜렐라 치즈 조금＋호두 조금(선택 가능)

만드는 법

❶ 카스테라를 굵은 체에 내려 가루를 만들어.

❷ 찹쌀가루에 소금을 넣어 간을 하고 팔팔 끓인 물을 한 숟갈씩 찹쌀가루에 넣으며 젓가락으로 저어. 어느 정도 물의 양이 맞는 것 같으면 말랑말랑해지게 손으로 반죽해.

❸ 찹쌀 반죽을 엄지손가락 한 마디만큼 떼어내고, 동글동글하게 빚은 다음 가운데를 엄지손가락으로 푹 눌러서 오목하게 만들어.

❹ 이제 오목한 반죽에 소를 넣을 차례. 좋아하는 소를 넣으면 돼. 오늘은 치즈를 넣어 볼까?

❺ 소를 다 넣었으면 찹쌀 반죽을 다시 동글동글하게 만들자. 소가 빠져나오지 않게 조심!

❻ 큰 쟁반에 녹말가루를 뿌리고 경단을 굴려. 녹말을 다 묻혔으면 체에 넣고 녹말을 털어 내.

❼ 끓는 물에 경단을 퐁당퐁당 넣어서 삶아. 경단이 물 위에 동동 떠오르면 체로 건져서 찬물에 헹구고 물기를 빼.

❽ 카스테라 고물에 이리저리 굴리기. 데굴데굴데구르르르르~ 동글동글 경단 완성!

애니는 컴퓨터 화면에서 눈을 떼지 않고 당근으로 꽃을 만드는 장면을 지켜보았다. 딱딱하고 길쭉한 당근이 칼질 몇 번으로 꽃이 되다니, 무척 신기했다.

"조각으로 남은 당근들은 버려?"

쫄기가 불쑥 말을 걸었다. 애니는 깜짝 놀라 소리를 질렀다.

"앗, 깜짝이야. 나타날 때는 미리 말을 좀 하라니까!"

"두 번이나 불렀거든."

애니는 조금 미안한지 피식 웃으며 말했다.

"미안. 그런데 아까 뭐라고 했어?"

"남은 당근을 버리느냐고 물었어."

"그렇겠지. 남은 걸 어떻게 하라는 말은 안 했으니까."

쫄기가 컴퓨터 화면을 손가락으로 가리켰다. 거기에는 꽃을 만들고 남은 당근 조각이 꽤 많이 쌓여 있었다.

"아깝다. 저 양이면 당근란 몇 개는 만들 텐데."

"당근…… 뭐라고?"

"당근란. 당근을 삶고 으깨서 조린 뒤에 원래 당근 모양으로 다시 만들어. 손이 많이 가는 간식이지."

애니는 입꼬리를 내리며 쫄기 말을 무시했다. 그깟 잘린 당근 조각을 다시 모아 봤자 얼마나 될까 싶었다. 게다가 삶은 당근이라니, 물컹물컹하고 들쩍지근한 맛이 날 게 틀림없었다.

그때, 쫄기가 접시를 내밀었다. 접시 위에는 새끼손가락 반만 한 작은 당근이 대여섯 개 놓여 있었다. 작은 당근은 반짝반짝 윤이 나고 달콤한 냄새가 솔솔 풍겼다.

"우아, 진짜 예쁘다. 먹어도 돼?"

"그럼. 먹어 봐."

애니는 작은 당근을 조심스럽게 집어 먹었다. 부드럽고 달콤했다.

"쫄기야. 혹시 이게 당근란이야?"

"이제야 눈치챘구나. 당근란은 한과 중의 하나야."

"이게 한과였구나."

애니가 고개를 끄덕이며 말했다. 한과가 옛날부터 먹었던 전통 과자라는 건 알고 있었다. 유과나 쌀강정, 약과 정도는 먹어 본 적도 있다. 애니가 좋아하는 감자칩이나 팝콘하고는 다른 맛이 나기는 하지만, 먹을 만했다. 엄마는 손이 많이 가는 음식이니, 한과를 먹을 때는 감사하면서 먹어야 한다고 말했다.

"그럼 한과에 당근으로 꽃을 만드는 방법도 있어?"

"물론 만들 수 있지. 게다가 다과상에 오르는 음식의 재료들은 하나도 버리지 않는다고."

애니는 마지막 당근란을 입에 쏙 넣었다.

"다과상이 뭐야?"

"차와 과자를 올린 상이야."

"그럼 떡이랑 식혜나 수정과를 놓은 상도 다과상이겠네."

쫄기가 천천히 고개를 끄덕였다.

"그런데 다과상에 오르는 음식의 재료는 하나도 안 버린다고?"

"응 맞아. 그러고 보니 최경주라는 아이가 받은 다과상이 생각난다. 무척 슬픈 날이었어."

수첩에 들어온 지 오백 년을 하루 앞둔 밤, 나는 수첩 속에서 팡팡 뛰었지. 드디어 내일이면 자유로운 맛도깨비로 살아갈 수 있다!

그런데 한편으로는 정든 수첩하고 헤어지는 게 마음에 걸렸어. 싫든 좋든 함께 지내 온 세월이 있잖아. 내가 빠져나가자마자 이 수첩이 망가지는 건 싫었어.

"요호 요호! 지금처럼 앞으로도 계속 이어져라. 짠맛 쓴맛 신맛 단맛 매운맛 모두 모은 맛!"

그날 밤은 어찌나 설레던지 뜬눈으로 지샜어. 새벽녘에야 간신히 잠이 들었지.

수탉이 목청껏 우는 소리를 듣고 눈을 떴을 때, 몸이 한결 가벼워진 느낌을 받았어. 눈은 더 밝아지고, 아주 작은 소리까지 들려오고, 냄새도 선명하게 맡을 수 있었지.

야호! 드디어 오백 년이 지났다!

나는 수첩에서 빠져나와 훨훨 날아다녔어. 수첩 속에서 맛도깨비 힘이 사라질까 봐 속을 끓이고, 수첩을 지닌 사람이 음식을 희한하게 만들면 당장 뛰쳐나가 제대로 된 음식을 뚝딱 차려 주고 싶어서 안절부절못하고, 무엇보다도 누군가 수첩을 없애지 않을까 조마조마……. 그 모든 일들을 다 참아 내고 드디어 수첩에서 빠져나오다니 스스로 얼마나 대견했다고.

수첩 속에 있던 오랜 세월 동안 동무들을 만나지 못한 일이 가장 답답했어. 사람들이 함께 어울려 살듯, 우리 맛도깨비들도 다른 맛도깨비들과

어울리거든. 어느 집 장이 가장 맛있는지, 어느 집 밥이 훌륭한지, 누가 반찬을 잘 만드는지, 이런저런 이야기를 주고받다 보면 어느새 우리 앞에 근사한 상이 차려졌어. 아무리 사람들이 좋은 음식을 정성스럽게 차린다고 해도 맛도깨비 입에는 맛도깨비가 차린 음식이 최고라니까.

한나절을 찾아 헤맨 끝에 드디어 맛도깨비들을 만났어.

"아이고, 이게 누구야, 쫄기잖아!"

"어디 갔다 이제 왔어?"

맛도깨비 동무들이 나를 반갑게 맞았어. 눈물이 핑 돌았지.

"그게, 닥나무에 깃들어서 잠이 들었다가 그만……."

그다음 말은 더 이상 하지 않았어. 그래도 다른 동무들은 다 알아들었지. 가끔 나처럼 한 장소에 틀어박히게 된 맛도깨비들이 꽤 있거든.

나는 맛도깨비들에게 대접할 음식을 한 상 차렸어. 그동안 깃들었던 곳이 음식 수첩이었으니 나만큼 상을 잘 차릴 맛도깨비는 없었지.

"이런 재주는 언제 익혔어?"

더덕을 얇게 두드린 뒤 찹쌀가루를 묻혀 기름에 튀긴 섭산삼을 맛본 동무가 손가락을 쪽쪽 빨며 감탄을 했지.

맛도깨비들과 한 상 잘 차려 먹은 그날 저녁, 나는 잘 곳을 정할 수가 없었어. 은행나무에 누웠다가, 동굴에 들어갔다가, 지붕에 누웠다가, 결국 다시 수첩으로 돌아갔지 뭐야. 종이가 내는 사각사각 소리, 따뜻한 감촉, 무엇보다 그동안 함께 지내 온 사람들이 그리웠어.

특히 경주 할아버지가 좋아하는 다과상을 함께 못 먹는 게 제일 아쉬웠지. 손님이 놀러 오면 다른 집에서는 술상을 차리는데, 경주네 집에서는 다과상을 내왔어. 경주 할아버지가 다과상에 무척 관심이 많거든. 반찬으로 올라온 도라지나물을 먹으면서도 도라지정과로 만들면 참 맛있겠다고 할 정도였지. 덕분에 경주 어머니는 다과상에 올릴 음식을 만드느라 일 년 내내 바빴어.

나는 낮에는 수첩에서 지내고 밤이면 몰래 빠져나와 맛도깨비들하고 어울려 지냈지. 한동안은 모든 것이 다 좋았어.

그러던 어느 날이었어.

밤마다 함께 모이던 맛도깨비들이 보이지 않지 뭐야. 한둘이면 별로 눈에 띄지 않을 텐데 그 수가 꽤 되었어.

"무슨 일이 있었어?"

내가 묻자 동무 도깨비들은 땅이 꺼져라 한숨을 쉬었어.

"그게 말이야. 불상이나 그림에 깃들었던 맛도깨비들이 어느 날 갑자기 없어졌어. 맛도깨비들은 오래된 물건에 깃들어야 편안하게 쉴 수 있잖아. 그런데 불상이랑 옛날 그림 같은 오래된 물건들이 야금야금 사라지고 있다고."

이런, 그즈음 집 안이건 밖이건 한숨 쉬는 소리가 커지더니 큰일이 나도 단단히 났나 봐. 맛도깨비 친구들 말로는 우리 땅에서 나는 쌀이 바리바리 배에 실려 일본으로 갔다고 하고, 심지어 소들도 끌려갔대. 유명한 사냥꾼들을 동원해 깊은 산에 사는 호랑이들도 다 쏘아 죽이고 말이야.

　언제부터인가 할아버지 다과상에 과자가 올라오지 않는다 했더니 그런 까닭이었나 봐. 쌀이 부족해지면 먹을 밥도 모자랄 테니 과자를 만들 여유는 당연히 없겠지.

　그날 저녁, 수첩으로 돌아간 나는 화가 난 할아버지 목소리를 들었어. 웬만한 일이면 큰소리를 안 냈던 분이라 깜짝 놀라 할아버지 방으로 들어갔지. 할아버지 앞에는 다과상이 차려졌고, 그 앞에 처음 보는 두 사람이 앉아 있었어. 두 사람 다 짧은 머리에 일본 군복을 입고 있었어.

　"그러니까 이노우에 당신 말은 우리 경주가 학교에 못 갈 수도 있다, 이 말이오?"

　그중 한 사람이 옆 사람한테 할아버지 말을 일본 말로 전했어. 말을 전해들은 사람이 일본 말로 답했지. 사방에 들리는 게 일본 말이었던 때라, 이제 나도 어느 정도의 일본 말은 다 알아들을 수 있었어.

　"그렇습니다. 대일본 제국의 영광을 누리려면 당연히 그래야죠."

　이 사람이 이노우에인가 봐.

　할아버지는 이노우에에게 큰 소리로 호통을 쳤어.

"자네 딸인 미도리가 우리 경주랑 같은 반이라는데, 애들 입장에서는 생각 안 해 봤나? 평생 최경주로 불리던 아이가 갑자기 일본 이름을 써야 하고, 일본 이름으로 불려야 한다니, 그게 말이나 돼?"

이노우에는 다과상에 오른 약과를 한 입 베어 물었어. 화를 내는 할아버지에 비하면 무척 여유로웠지. 그 모습이 할아버지의 화를 더 돋우었어.

"맛이 참 좋군요. 이 집 다과상이 유명한 까닭이 오래된 요리 수첩 덕분이라는데 맞습니까?"

할아버지 낯빛이 새파랗게 변했어.

"그런데 이 집 다과상이 아무리 유명하다 해도, 대일본 제국의 과자들이 더 맛있습니다. 차도 훌륭하지요. 이제 이런 다과상은 버리고 일본의 과자와 차를 드시지요. 어잇!"

이노우에가 손뼉을 치자 따라온 통역관이 상자 하나를 내밀며 뚜껑을 열었어. 상자 안에는 간장을 발라 구운 전병과 김을 뿌린 바삭바삭한 과자가 들어 있었어. 한쪽 옆에는 차 봉지도 놓여 있고.

"네 이놈! 내가 일본 사람이라도 된단 말이냐. 나는 조선 사람이고 평생 조선 사람으로 살 테다! 다과상을 버리라니, 그따위 말을 하려거든 썩 나가거라!"

할아버지는 이노우에가 가져온 상자를 내던졌어. 방바닥에 일본 과자가 나뒹굴었지.

이노우에는 눈 하나 깜짝 안 했어. 그리고 보란 듯이 다과상을 휙 엎었지. 일본 과자와 한과가 바닥에 뒹굴었어.

"아드님 친구 중에 만주를 들락날락하는 사람이 있던데…… 그 사람이 독립군이라는 사실은 아십니까?"

이노우에는 이 말만 남기고 벌떡 일어서서 밖으로 나갔어.

나는 부리나케 따라 나갔어. 방을 나간 이노우에는 통역관한테 이렇게 말했어.

"그 수첩, 손에 넣어야겠다. 분명히 오래된 수첩일 테니 일본으로 가져갈 가치가 있을 것이다."

나는 부들부들 떨며 수첩으로 들어갔어. 오래된 물건에 깃들어 있던 도깨비 동무들이 왜 사라졌는지 분명히 알 수 있었지.

다음 날, 조용하던 집이 발칵 뒤집혔어. 일본 군인들이 들이닥쳐서 경주 아버지를 잡아갔지 뭐야. 그뿐만이 아니야. 안방과 부엌을 이리저리 뒤지고 심지어 경주 어머니 소맷자락까지 뒤져 기어이 수첩을 빼앗았어.

나는 중얼중얼 주문을 외웠어.

"요호 요호! 글자는 다 숨고 수첩은 새것처럼 되어라. 짠맛 쓴맛 신맛 단맛 매운맛 모두 모은 맛!"

글자가 스르륵 종이 속으로 숨었어. 나는 그 글자 뒤에 숨었지.

경주 아버지는 감옥에 갇혔고, 수첩은 이노우에한테 넘겨졌어.

"이봐, 이건 새 수첩이다. 오래된 수첩은 없었나?"

수첩을 건넨 군인이 착 하고 발소리를 내며 대답했어.

"네, 이것뿐입니다."

"허, 이거 참. 이를 어쩐다?"

이노우에가 잠깐 고민을 하더니 일본 군인한테 이렇게 말했어.

"독립운동을 하는 사람을 도와줬는지 어쨌는지 물어보고, 아니면 적당한 죄를 찾아봐. 그리고 조선의 옛날 물건들은 빨리 정리해서 일본으로 보내고."

이노우에는 수첩을 휙 집어 던졌어. 아무도 수첩에 눈길을 주지 않았지. 나는 몰래 수첩을 밖으로 빼돌려 하늘로 띄웠어. 그런 뒤 수첩을 타고 경주네 집을 향해 날았어. 연처럼 훨훨 날아가 경주네 집 평상 위에 살포시 떨어졌지.

"요호 요호! 처음처럼 다시 돌아와라. 짠맛 쓴맛 신맛 단맛 매운맛 모두 모은 맛!"

스스슥, 글자가 다시 나타났어.

"어머니, 어머니! 수첩 여기 있어요!"

경주가 수첩을 발견하고 높이 들어 흔들었어.

"다행이다. 수첩이 돌아와서."

경주 어머니는 수첩을 꼭 껴안고 펑펑 울음을 터뜨렸어.

경주 아버지는 꼬박 사흘 만에 집으로 돌아왔는데 매를 얼마나 맞았는지 제대로 걷지도 못하고 비틀거렸어. 돌아온 경주 아버지를 본 할아버지는 한참을 마당에 서서 먼 데를 바라다보았어. 하늘을 보는 건지 먼 산을 보는 건지는 나도 알 수 없었지. 한참 뒤에 할아버지는 경주 어머니를 불렀어.

"어멈아, 오늘 저녁에 다과상을 차려야겠다. 네 재주껏 차리되 재료는 버리지 말아야 한다. 할 수 있겠느냐?"

"해 보겠습니다."

경주 어머니는 조청부터 고았어. 달콤한 냄새가 온 집 안에 퍼졌지. 조청에는 줄에 꿴 연근과 박오가리(박을 썰어 말린 것)를 넣었어. 이렇게 하면 조청을 만들면서 정과*를 동시에 만들 수 있거든.

식혜도 만들었어. 엿기름물에 밥을 넣고 아랫목에 두고 그 위에 이불을 덮었지. 이렇게 따뜻하게 하면 밥이 잘 삭거든. 물론 더 잘 삭으라고 내가 힘을 좀 쓰긴 했어. 이런 일이라도 거들어야지 그냥 얻어먹기엔 좀 미안하잖아.

아랫목에서 잘 삭은 밥알이 동동 떠오르자 경주 어머니는 생강 달인 물에 삭은 밥과 물을 넣고 펄펄 끓였어. 건진 생강은 절구에 넣어 팡팡 찧었지. 강란*을 만들 셈인가 봐. 원래는 생강 녹말을 내서 만드는데, 식혜에 넣었던 생강이라도 그냥 버리지 않으려는 거지.

설에 쓰려고 쪄서 말린 밥알도 모래에 튀겼어. 옛날에는 기름이 귀해서 모래를 달궈 밥알을 튀기는 일이 흔했거든. 잘 튀겨진 밥알은 조청에 버무려 쌀강정을 만들었지. 노란 강정, 빨간 강정, 흰 강정이 알록달록 예뻤어.

그날 밤 온 식구가 다과상에 둘러앉았어.

식혜에 연근정과와 박오가리정과, 강란, 쌀강정, 구운 가래떡과 조청이 놓인 다과상이었어. 할아버지가 내세운 버리지 않는 조건에 딱 맞는 다과상이었지. 거기 쓰인 재료 중에 버린 건 엿기름뿐이었어. 그것도 거름에 쓰려고 따로 두었으니, 버린 건 아니었지.

경주 아버지는 몸을 간신히 일으켰어. 입술이 부르터서 제대로 뭘 먹는 것도 힘들어 보였어. 다른 식구들도 이런저런 일을 겪느라 지쳐서 힘이 하나도 없었어.

온 식구가 이렇게 풀이 죽어 있을 때 차려진 다과상이라 나는 솜씨를 좀 부리고 싶었어.

"요호 요호! 좋은 기운아, 오너라. 이 음식을 먹는 사람은 피가 깨끗하게 돌고 뼈가 튼튼해지고 활기차질 것이다. 짠맛 쓴맛 신맛 단맛 매운맛 모두 모은 맛!"

그러자 강란에 뿌린 잣가루가 보송보송, 연근정과와 박오가리정과는

정과 | 온갖 과실, 생강, 연근, 인삼 따위를 꿀이나 설탕물에 조려 만든 음식.
강란 | 생강 녹말을 설탕물에 넣어 조려서 삼각뿔 모양으로 빚은 한과.

반짝반짝, 쌀강정은 바삭바삭, 조청은 매끈매끈, 가래떡은 말랑말랑, 아까보다 더 먹기 좋고 보기 좋아졌지.

"먹자꾸나."

할아버지가 먼저 가래떡을 집어 조청에 푹 찍었어. 경주 어머니는 젓가락을 들지도 못하는 아버지 입에 강란을 넣어 주었어. 경주는 연근정과를 꼭꼭 씹었지.

"이 상에 차린 음식은 버리는 게 거의 없다, 그렇지 어멈아?"

할아버지 말씀에 어머니가 대답했어.

"그렇습니다, 아버님."

"오랜 세월을 지켜 온 상이니, 앞으로도 지켜지겠지?"

"그렇게 하겠습니다, 아버님."

"사람이 살다 보면 단맛도 느끼고 쓴맛도 느끼는 법이지. 늘 쓴맛만 있는 건 아니지. 하지만 아무리 그래도 단맛이 설 자리와 쓴맛이 설 자리는 따로 있는 법이다. 이렇게 단맛이 강한 음식은 반찬보다 다과가 제자리지."

할아버지 말씀을 알 것도 같고 모를 것도 같았어.

"우리가 어떤 성씨를 가진다 해도, 그건 겉모습뿐이다. 박오가리를 조려 정과를 만들어도 박오가리가 연근이 될 수는 없는 법이다. 비록 성을 버리고 이름을 바꾼다 해도…… 버리는 게 없도록 차린 이 다과상처럼, 우리가 누구인지는 절대 버리지 말자꾸나."

할아버지 말에 아버지가 고개를 끄덕였어.

"내가 받은 최고의 다과상은 경주 돌상인 줄 알았는데, 오늘 다과상이 최고로구나."

나는 할아버지가 받은 다과상들을 떠올려 보았어. 찰밥이 남으면 절구에 콩콩 찧어 인절미로 만들고, 호박고지(호박을 썰어 말린 것)가 남으면 쇠머리떡, 거기에 오미자 과편(과일을 이용해 만드는 서양의 젤리 같은 한과), 타래과(밀가루를 얇게 반죽하여 기름에 튀겨 꿀에 묻혀 먹는 한과), 유과, 약과, 정과……. 철마다 많이 나는 먹을거리들을 조리고 말리고, 단맛을 더해 만든 음식이 다과상에 올랐어. 자투리 재료들도 버리지 않고 조리고 단맛을 입혀 다과상에 올렸고, 그 계절에 다 먹지 못하는 먹을거리들도 잘 갈무리해 두었다가 먹었어.

달콤한 과자가 차려진 다과상 앞에서는 늘 밝은 웃음이 끊이지 않았지. 나쁜 일은 과자를 먹으면서 잊어버렸고, 좋은 일은 차를 나눠 마시며 함께 축하했어.

"다과상을 차릴 때는 좋은 일이 더 많았는데…… 이제는 흑!"

경주 어머니가 눈물을 주르륵 흘렸어.

"나는 다과상의 힘을 믿는다. 우리 모습을 절대 버리지 않는다면, 언젠가는 또 웃으면서 다과상을 받을 날이 오겠지. 오늘 이 다과상은, 앞으로 우리가 겪을 쓰디쓴 맛을 이겨 낼 힘이다."

아버지는 꺼이꺼이 흐느꼈고, 경주는 눈물 콧물을 한꺼번에 쏟아 냈어.

할아버지는 두 눈을 씀벅씀벅 감았다 뜨더니 식혜를 쭉 들이켰어.

"참 맛나다!"

그날 식혜는 정말 시원했어. 꽉 막힌 속이 뻥 뚫릴 정도로.

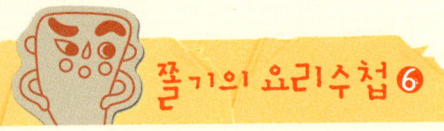

누구 엿이 더 흰가?

　명절이나 잔치도 아닌데 집 안에 엿 고는 냄새가 나면, 임신을 한 사람이 있거나 먼 길을 떠나는 사람이 있다고 생각했어. 엿은 달면서도 영양이 풍부해서, 임산부의 간식이나 길 떠나는 사람들의 휴대 식량이었거든.

　엿을 먹어 본 사람이라면 알겠지만 검붉은 엿이랑 흰엿이 있는 것 알지? 검붉은 엿은 갱엿이라고 해서 엿을 고아 거의 켜지 않고 굳혀 만든 거야. 엿을 고아 여러 번 잡아당기는 걸 '켠다'고 하는데, 갱엿을 켜면 공기가 들어가서 흰엿이 되는 거야.

　과거를 보기 위해 길 떠난 유생들은 주막에 모여 각자가 가져온 엿을 꺼내 부인의 솜씨를 비교하기도 했대. 흰색이 짙을수록 오래 켰다는 의미라서 얼마나 정성을 들였는지를 판단하는 근거였다나.

　옛날에는 엿으로 엿치기 놀이를 많이 했어. 흰엿을 한 가락씩 골라서 한가운데를 똑 부러뜨린 다음 엿의 가운데에 난 구멍을 비교하는 거야. 구멍이 큰 사람이 이기는 거지. 서로 구멍을 크게 내려고 입에 대고 불기도 했대. 엿치기 놀이에서는 대개 진 사람이 엿 값을 냈어.

냉장고가 없던 옛날에는 과일을 어떻게 먹었을까?

지금은 제철 과일이 아니더라도 비닐하우스에서 키운 과일을 먹거나 외국에서 수입한 과일을 먹어. 그래서 겨울에도 수박이나 포도를 먹을 수 있지. 하지만 예전에는 그렇지 않았어. 겨울에는 과일을 거의 먹을 수 없었지.

한식에서는 과일을 먹는 방법을 '생과'와 '숙실과', '과편'으로 분류해.

생과 는 말 그대로 싱싱한 과일을 말해.

숙실과 는 과일을 익혀서 먹는 걸 뜻해. 숙실과에 '정과'가 포함되지. 정과는 식물의 뿌리나 줄기, 과일이나 한약재를 삶고 여기에 엿물을 넣어 조려서 만들어.

무정과, 연근정과, 수삼정과, 도라지정과, 생강정과, 우엉정과, 죽순정과, 건포도정과, 사과정과, 산사정과, 유자정과. 이 밖에도 종류가 정말 많아.

과편 은 과일즙과 다진 과일을 끓이다가 녹말을 넣어 굳힌 음식이야. 녹말 중에서는 녹두 녹말을 제일로 치지. 지금 우리가 흔히 먹는 '젤리'보다는 무르지만 상큼한 맛은 일품이야.

기름을 쓰지 않고 튀기는 방법

쌀강정은 바짝 말린 밥알을 기름에 튀긴 다음, 다시 엿물에 버무렸다가 굳혀서 만들어. 기름이 귀했기 때문에 자주 먹을 수 있는 음식은 아니었지.

기름 대신 모래에 튀기기도 했어. 모래를 깨끗이 씻어서 바짝 말린 다음, 번철에 모래와 바짝 마른 밥알을 함께 넣고 달궈. 그러면 달궈진 모래의 열이 쌀에 전달되어, 밥알이 부풀어 올라. 다 부풀었으면 고운 체에 쳐 내는데, 모래는 빠지고 부풀어 오른 밥알만 남지. 기름을 쓰지 않고 밥알을 튀기는 방법이 무척 신기하지?

떡은 언제부터 먹었을까?

떡을 만드는 데 필요한 도구인 갈판과 갈돌, 시루는 삼국 시대가 되기 전부터 썼어. 고구려 시대 무덤인 '안악 고분' 벽화에 시루가 나와 있지만, 그 이전의 조개더미에서도 시루가 발견되었거든. 무척 오래전부터 떡을 먹었다는 걸 알 수 있지.

『삼국사기』에는 유리와 탈해가 떡을 깨물어서 떡에 잇자국을 더 많이 남긴 사람이 왕이 되었다는 기록이 남아 있어. 신라 시대 백결 선생은 가난해서 떡을 치지 못하자, 거문고로 떡방아 소리를 냈다는 기록도 있지.

고려 시대에는 차를 즐겨 마시면서 차와 곁들이는 과자와 떡 종류가 다양해졌어. 쌀가루에 밤과 쑥 등을 섞어 쪘고, 고물을 묻힌 떡인 단자와 수수전병도 만들었지. 지금의 찐빵과 비슷한 '상화'도 먹었고.

조선 시대에는 쌀가루나 찹쌀가루를 다른 곡물과 섞고, 빛깔이나 모양을 내어 종류가 무척 다양해졌어. 특히 소를 넣고 반달 모양으로 만든 개피떡이 1800년대 중엽에 나온 『음식방문』이라는 책에 등장해. 조선 시대에는 송편이 만들어져서 추석에 즐겨 먹는 명절 음식이 되었지.

안악 고분 벽화에 그려진 시루

삼국 시대에 사용되었던 토기

곶감쌈

옛날부터 다과상에 올랐던 과자와 음료들은 무척 맛있어 보여. 지금도 다 먹을 수 있다면 참 좋겠다. 그나마 명절에 종종 먹을 수 있는 것들이 있어서 다행이야. 그중의 하나가 곶감쌈!

재료

곶감 5개, 깐 호두 반쪽짜리 8개, 김발, 랩

만드는 법

❶ 곶감의 꼭지를 떼어 내고 곶감을 조물조물 만져서 사각형 모양이 되게 만들어. 그런 다음 꼭지가 있던 부분과 아래쪽을 가위로 조금 잘라 내.

❷ 곶감 옆의 부분도 잘라서 완전히 펴. 그럼 직사각형에 가까운 모양이 되지? 이제 안에 있는 씨를 발라내.

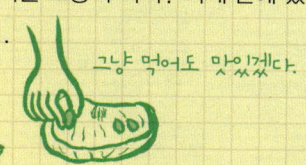

그냥 먹어도 맛있겠다.

❸ 호두는 모양이 완전한 것으로 골라 내.

❹ 김발 위에 곶감을 얹어. 김밥을 쌀 때를 생각해 보면 쉬워. 다섯 개 곶감을 겹쳐서 놓는데, 곶감이 끝나는 부분을 살짝 겹치게 놓는 게 중요해.

❺ 이제 곶감 위에 호두를 올리고 김밥 말듯이 곶감을 말아.

❻ 동글동글 말린 곶감을 랩에 싸서 모양을 고정시킨 다음에 냉동실에 두었다가, 1~2시간 뒤에 1센티미터 두께로 썰고 랩을 벗겨.

❼ 짜잔! 달콤한 곶감에 고소한 호두까지 든 곶감쌈. 그냥 먹어도 맛있지만 수정과에 넣으면 더 맛나.

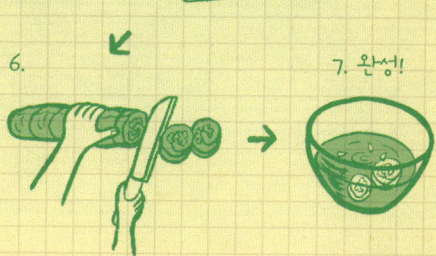

애니는 수첩을 한 장 한 장 넘겼다.

"수첩 주인이 될 거야?"

쫄기가 책상에 걸터앉아 발을 흔들며 물었다.

"그게 딱 꼬집어서 대답하긴 좀 힘들어."

"답답하네. 그냥 한다, 이 한마디만 하면 되는데 뭘 그렇게 뜸을 들여?"

애니는 입을 꾹 다물었다. 처음처럼 이 수첩이 낡아 빠졌다는 생각은 하지 않았다. 지금은 손에서 손으로 전해진 귀한 수첩이라고 생각한다. 쫄기한테 이야기를 들은 다음부터는 수첩을 지녔던 사람들이 어떻게 살았는지 알게 되어 기뻤다. 하지만 쫄기 말대로 수첩 주인이 될지 말지는 쉽게 결정할 수 없었다.

"내가 큰아이라서 받는 건 싫어."

사실, 그게 제일 마음에 안 들었다. 어떤 부모한테서 태어날지를 결정할 수 없는 것처럼 내가 태어나는 순서도 결정할 수 없다. 그런데 단지 처음 태어난 아이니까 수첩 주인이 되는 건 불공평하게 느껴졌다.

"뭐, 안 그랬던 경우도 있어. 큰애가 둘째한테 양보하기도 했으니까. 하지만 남자 여자 구별하지 않았던 건 장점 아닌가?"

애니는 머릿속이 복잡했다. 쫄기 말을 들으면 그런 것 같기도 하고, 또 아닌 것 같기도 했다.

"처음에는 창렬이한테 수첩을 준다는 말에 화가 났는데, 생각해 보면 나쁠 것 같지 않아. 나는 한식은 잘 모르고, 음식도 무지 가려 먹잖아. 그냥 먹기 편하고 빨리 먹을 수 있고 달짝지근한 음식을 더 좋아해. 그런데 창렬이는 이런 나와는 다르게 자격이 충분한 것 같아."

쫄기는 손을 턱에 괴고 골똘히 생각하는 애니 눈을 마주 보았다.

"지금 당장 결정 안 해도 돼. 나는 걱정스러워서 너한테 나타났을 뿐이야."

"걱정? 무슨 걱정?"

"수첩 주인이 누가 되든 상관없지만, 밥상에 오른 음식들을 전부 싫다고만 한 사람은 네가 처음이야. 너뿐만 아니라 앞으로도 한식을 좋아하는 사람들이 줄어든다면…… 그건 큰 문제잖아."

쫄기는 걱정스럽다는 듯 혀를 끌끌 찼다.

애니는 쫄기를 만나기 전에 자주 먹었던 음식들을 떠올렸다. 쫄기와 처음 만난 날도 햄버거와 콜라를 먹고 싶어서 투덜거렸다. 그뿐만 아니라 밥상에 오르는 반찬과 국, 찌개가 마음에 안 들었다. 엄마가 차려 준 밥상보다는 햄버거, 샌드위치, 피자, 치킨을 더 좋아했다. 아마 쫄기를 만나지 않았다면 지금도 엄마한테 햄버거를 사 달라고 조르고 있을 것이다.

"나는 어떤 밥상을 차리게 될까?"

애니는 정말 궁금했다. 밥상에 무엇을 올리는지에 따라 수첩에 쓰게 될 내용도 달라질 테니까.

"그건 네가 하기 나름이지. 하지만 어떤 음식을 먹는지에 따라 네 몸이 달라질 거야. 내가 널 처음 봤을 때는……."

"어땠는데?"

"네가 하얀 기름 덩어리로 보였어. 튀긴 음식, 기름기 많은 음식을 자주 먹으니 그럴 수밖에. 그런데 요즘은 푸른색이 많이 보인다고."

쫄기 말이 맞다. 애니는 피자 한 판을 그 자리에서 뚝딱 먹어 치울 수 있고, 햄버거를 1분 안에 먹기도 했다. 튀긴 감자는 꺼내기 무섭게 다 집어 먹고 과자는 부스러기조차 남기지 않았다. 애니는 기름지고 단맛이 나는 음식을 좋아했다.

엄마가 차린 밥상을 떠올렸다. 엄마가 차리는 밥상은 기름기가 적고, 쓰고 신맛이 강했다.

"우리 엄마는 수첩에 어떤 음식을 썼어?"

"아직 아무것도 안 썼어. 하지만 이 수첩에 있는 음식을 너한테 해 주면 도통 먹질 않는다고 한숨을 쉬는 건 자주 봤지."

애니는 할 말이 없었다. 수첩을 이리저리 들추며 쫄기가 들려줬던 이야기들을 떠올렸다.

달그락달그락, 문밖에서 소리가 났다. 애니는 문을 열고 거실로 나갔다.

부엌이 엉망진창이었다. 그릇장의 그릇은 모두 나와 있고, 냉장고 위에 있던 물건들도 모두 내려와 부엌 바닥에 놓여 있었다.

엄마는 냉장고와 씽크대 밑을 먼지털이 자루로 쓸더니, 이번에는 냉장고 옆에 있는 장식장 문을 열었다. 장식장에 들어 있던 큰 그릇들이 하나 둘씩 나와 식탁 위에 늘어섰다. 구절판, 시루, 찜기에 신선로까지 나왔다. 그전에는 그냥 이상하게 생긴 그릇들이라고 생각했는데, 엄마가 그릇을 하나씩 꺼낼 때마다 그 그릇으로 어떤 음식을 만드는지가 궁금해졌다.

구절판에 담긴 색색의 음식, 시루에 담긴 따끈따끈한 떡, 찜기에 막 찐 계란찜이 눈앞에 보이는 것 같더니 신선로에도 부글부글 국물이 끓는 소리가 나는 듯했다.

창렬이는 꺼내 놓은 그릇을 가지고 놀고 있었다. 다른 때 같았으면 그릇 깨진다고 야단을 쳤을 텐데, 엄마는 창렬이가 그릇을 만지는 것도 아랑곳하지 않고 찾는 일에만 열중했다.

애니가 물었다.

"엄마, 뭐 해?"

"응, 뭐 좀 찾고 있어."

엄마는 건성으로 대답하고는 의자 위에 올라가 냉장고 위를 살폈다. 애니는 엄마가 뭘 찾고 있는지 알 것 같았다. 벌써 한 달이 넘게 수첩을 돌려놓지 않았으니 엄마가 애타게 찾을 만했다.

"혹시 수첩 찾아?"

엄마가 고개를 휙 돌렸다.

"내가 갖고 있어."

의자에서 내려온 엄마가 이제는 안심이라는 표정으로 애니 손을 잡았다.

"네가 가져갔구나. 난 또 잃어버린 줄 알았네."

"냉장고 문을 열었는데 수첩이 떨어졌어. 엄마가 아끼는 수첩인 줄은 아는데…… 궁금해서 좀 봤어."

"응. 그럼 마저 보고 돌려줘."

엄마가 손을 탈탈 털며 말했다.

애니는 신선로를 집어 들었다. 가운데 뚫린 부분이 냉면 그릇처럼 넓은 대접 바닥에 맞닿고 그 아래에는 굽이 달렸다.

"여기에 숯을 넣는 거야?"

"그래. 근데 그걸 어떻게 알아? 할머니한테 받긴 했지만 엄마도 한 번도 해 본 적은 없는데."

"그냥, 들었어. 이건 구절판이네. 엄마가 여기에 고기랑 채소를 채 쳐서 볶아 놓았지? 그게 언제였더라? 맞아. 작년 내 생일 때였어."

엄마가 피식 웃었다.

"힘들게 채 치고 볶았더니, 네가 피자 시켜 달라고 떼쓰는 바람에 창렬이랑 엄마가 거의 다 먹었지. 아빠는 네가 남긴 피자를 먹었고."

애니는 그날 일을 생생하게 기억했다. 하지만 구절판에 어떤 음식들이 놓여 있었는지는 잘 생각나지 않았다. 그 음식들이 어떤 맛이었는지도 전혀 모른다. 애니가 떼쓴 끝에 얻어 낸 피자를 먹을 때 엄마와 창렬이는 구절판에 놓인 음식들을 하나씩 집어서 가운데 놓인 밀전병에 싸 먹었다. 애니가 창렬이한테 피자로 약을 올렸지만 창렬이는 구절판이 더 맛있다며 거들떠보지도 않았다.

"미안. 정말 미안해, 엄마."

애니는 고개를 푹 숙였다. 그러자 엄마가 애니 등을 토닥토닥 두드렸다.

"새삼스럽게 무슨."

어느새 다가온 쫄기가 애니 손을 살짝 잡았다 놓았다. 쫄기 손은 말랑말랑하고 따뜻했다.

"엄마는 밥상을 차리는 게 갈수록 힘들어. 이 수첩에 있는 음식들 가운데 엄마가 못 먹어 본 것도 있거든. 그걸 해 보고 싶은데 만들어도 먹어 주는 사람이 없으면……."

엄마는 말을 잇지 못했다.

애니는 손가락을 꼼지락거렸다. 엄마가 차린 밥상을 제대로 먹는 사람은 창렬이뿐이다. 아빠는 아침을 간단하게 빵으로 먹고, 저녁도 먹고 들어올 때가 많다. 애니도 집에서 밥을 잘 먹지 않으려고 한다.

집 밖에 나가면 애니한테 손을 뻗는 음식들이 너무 많다. 집 앞 구멍가게, 학교 앞 떡볶이 집, 한 집 걸러 있는 치킨 집, 골목만 꺾으면 나오는 햄버거 가게가 애니한테 손짓을 하는 것 같았다. 음식을 시키면 빨리 나오니까 기다리지 않아도 되고, 오래 씹지 않아도 꿀꺽 넘어가서 좋았다. 무엇보다 달콤하고 고소한 맛이 마음에 쏙 들었다. 이러니 쫄기 눈에 애니가 흰 기름 덩어리로 보인 것은 당연했다.

애니는 주먹을 불끈 쥐었다.

"나, 이제부터 음식을 골고루 먹을래. 아니, 엄마랑 같이 수첩에 있는 음식들 같이 해 볼래. 먹어 봐야 어떤 음식인지 알지. 어떤 음식이든 먹어 볼 테니까 엄마랑 나랑, 창렬이랑 같이 해 보자. 응?"

엄마가 눈을 반짝 떴다.

"진심이야?"

"응, 진심! 수첩에 있는 음식 중에 못 먹어 본 것들이 꽤 있더라고. 한번 먹어 보고 싶어."

"어떻게 그런 생각을 다 했을까?"

엄마가 궁금하다는 듯 물었다. 쫄기가 다가와 엄마 옆에 바짝 붙어 섰다.

"내가 나중에 밥상을 차릴 때를 생각해 봤어. 그런데 지금 내가 먹는 음식에는 뭔가 빠졌더라고."

쫄기가 끼어들었다.

"오호, 뭐가 빠졌을까?"

애니는 엄마 눈치를 살폈다. 엄마는 쫄기가 하는 말을 못 듣는 눈치였다.

쫄기는 애니 마음을 알아차린 듯, 맞다는 의미로 손가락으로 동그라미를 만들었다.

"내 이름이 사랑을 속삭인다는 뜻이잖아. 이 수첩에 있는 음식들을 봤더니, 거기에는 사랑이 넘치더라고. 가족을 사랑하는 마음도 그렇지만 제철에 나오는 음식을 밥상에 올리는 마음이나, 몇 달이라는 시간을 기다리고 기다려 밥상에 음식을 올리는 마음, 사람이 우주처럼 넓게 살기를 바라는 마음, 먹을거리를 함부로 다루지 않는 마음, 그게 다 사랑인 것 같아."

"⋯⋯."

"나도 사랑을 속삭이는 밥상을 차리고 싶어. 그리고 그 밥상을 여러 사람들한테 알릴 거야. 사실, 나나 창렬이만 이 수첩 내용을 아는 건 불공평해. 얼마나 좋은 음식인지 알면 다들 먹을 텐데, 잘 몰라서 못 먹을 수도 있잖아."

엄마가 애니를 와락 껴안았다.

"우리 애니가 부쩍 컸구나. 수첩이 마법을 부린 것 같아."

"마법? 히히. 마법은 아니지만 비슷⋯⋯한가?"

애니는 엄마를 도와 장식장에 들어 있던 그릇들을 다시 집어넣었다. 신선로에 묻은 먼지를 닦고, 구절판이랑 시루를 조심스럽게 집어넣으면서 고마운 마음이 들었다. 아주 오래전부터 잘 살아남아서 지금 우리 집에 와 있다는 게 말이다.

애니는 앞으로 백 년쯤 뒤에는 요리 수첩에 어떤 글이 실릴지 궁금했다. 인터넷에서 많이 쓰는 외계어나 외래어, 심지어 한글이 아닌 다른 말로 씌어 옛사람들이 본다면 헉 하고 놀랄 수도 있겠다 싶었다. 하지만 쫄기가 있으니 앞으로 몇백 년이 지나도 이 수첩은 문제없이 전해지리라는 믿음이 생겼다.

애니는 처음에는 그깟 수첩 따위 하고 생각했지만 이제는 수첩 주인이 되고 싶었다. 하지만 애니가 주인이 되든 창렬이가 주인이 되든, 거기서 그치면 수첩에 적힌 내용은 집안사람들만 아는 비법으로만 남을 것이다. 친구들이 애니가 먹어 본 음식을 함께 먹고, 몰랐던 음식에 대해 알게 된다면 훨씬 즐거운 일이 벌어질 것 같았다.

"엄마, 블로그에 음식 만드는 과정을 올릴까?"

"블로그? 엄만 그런 건 잘 못해."

"내가 도와줄게. 음식 간 보는 거나 그릇에 옮겨 담는 거, 언제 어떤 나물이 많이 나는지는 잘 모르지만 블로그에 올리는 건 내가 해 볼게."

"그럼 엄마는 좋지. 게다가 너나 창렬이뿐만 아니라 다른 사람들도 수첩 내용을 알게 되니까 더 좋고."

애니는 자리에서 벌떡 일어났다.

"그럼 나는 블로그에 글이랑 사진 올릴 준비를 할 테니, 엄마는 음식을 하세요."

엄마가 고개를 갸우뚱하며 중얼거렸다.

"어디서 많이 듣던 말 같다. '엄마는 떡을 썰 테니 너는 글씨를 쓰거라.' 어디서 들었더라?"

그릇을 만지느라 정신이 팔렸던 창렬이가 끼어들었다.

"한석봉!"

"맞다, 한석봉!"

엄마가 깔깔 웃었다. 배에 손을 얹고 웃는 모습이 쫄기랑 비슷했다. 쫄기가 엄마를 가리키며 똑같은 모양으로 낄낄 웃었다.

그날 저녁, 애니는 블로그를 만들기 위해 자료 조사를 했다.

생각보다 재미있는 자료들이 많았다.

중요 무형 문화재로 지정된 궁중 요리를 만드는 선생님, 비빔밥 버거를 만들어 미국에서 가장 맛있는 햄버거로 뽑힌 외국인, 한식 최초로 미슐랭 가이드에서 별을 받은 한식당, 옛날 조상들이 만들던 방법으로 몸에 좋은 소금이랑 식초, 된장을 만드는 사람들, 무척 다양하고 재미있는 이야기들이 많았다.

관심이 없을 때는 보이지 않던 소식들을 인터넷 곳곳에서 찾았다. 애니는 신 나게 자료를 뒤지고 살폈다.

그러다 햄버거, 피자, 치킨이 패스트푸드라는 사실을 알아냈다. 빨리 만들고 빨리 먹을 수 있어서 '빠르다'는 '패스트'가 붙었다니, 몰랐던 사실이다. 그에 비해 한식은 천천히 만들기 때문에 '느리다'는 '슬로우'가 붙어, '슬로푸드'라고 부른단다. 애니는 슬로푸드를 많이 먹으면 자기 몸과 자연을 더 사랑하게 된다는 글을 한참 들여다보았다.

"꽤 열심인데?"

쫄기가 슬쩍 말을 걸었다.

"내가 마음만 먹으면 뭐든 잘해. 만들면 너한테도 보여 줄게."

"우와, 정말? 잘 만들면 내가 뭐든 만들어 줄게. 뭐 먹고 싶어?"

"상으로 주는 거야? 구절판 먹고 싶어. 그거 해 줘."

"알았어! 기대해. 맛도깨비 쫄기 님이 만든 진짜 맛있는 구절판!"

애니는 블로그 이름을 지었다.

'한식, 사랑을 속삭이는 밥상'

애니는 블로그에 요리 사진과 만드는 과정을 얼른 올리고 싶었다. 그리고 인터넷에서 검색한 내용도 올려야겠다고 생각했다. 우리가 먹는 밥상이 오랜 세월 누군가가 지켜 온 귀한 지혜라는 걸 다른 사람들에게도 전하고 싶었다. 물론, 쫄기가 들려준 이야기도 살짝 섞을 참이다. 애니는 벌써부터 쫄기가 어떻게 나올지 궁금했다.

'이렇게 해라 저렇게 해라, 시시콜콜 간섭하겠지?'

생각만 해도 가슴이 콩닥콩닥 뛰었다.

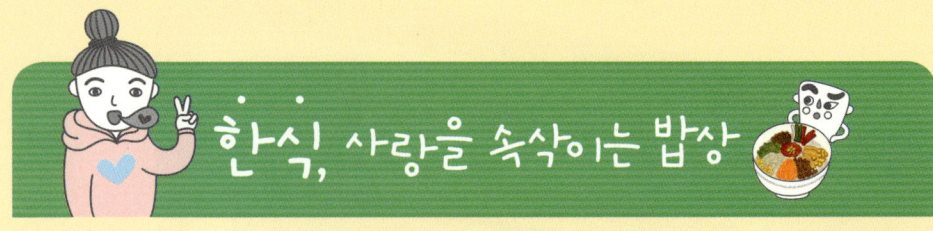

 애니 (愛呢)

짠맛, 단맛, 신맛,
쓴맛, 매운맛, 모두 모은 맛!
우리 밥상의 참맛을 찾는
애니예요.

애니가 만난 사람
▶ 궁중 음식
  기능 보유자, 한복려

세계 속의 한식
▶ 비빔밥 햄버거
▶ 뉴욕의 한식당, 단지

양념 이야기, 인생 이야기
▶ 소금 장인, 박성춘
▶ 된장 장인, 정두화
▶ 식초 장인, 구관모

배워서 남 주자
▶ 풀무원 김치 박물관
▶ 떡 박물관
▶ 한국조리과학고등학교

우리 음식의 전통을 잇는 사람, 한복려

요즘 왕한테 푹 빠져 있어요. 제가 좋아하는 아이돌 가수가 사극에서 왕 역할을 하고 있거든요. 번쩍번쩍 화려한 임금님 옷을 입으니 더 멋있는 것 같아요. 그 드라마가 나오는 날을 손꼽아 기다린답니다. 잘생긴 왕만 보려는 건 아니에요. 진짜요. 볼거리가 한 가지 더 있거든요. 왕 앞에 차려지는 근사한 상차림이에요. 볼 때마다 침이 꼴깍꼴깍 넘어가요. 그런데 왜 상이 세 개나 될까요? 반찬 가짓수도 많던데 옛날 임금님도 진짜로 그런 상을 받았을까요? 생각할수록 궁금해졌어요. 제가 또 궁금한 건 못 참잖아요. 그때, 다행히 쫄기가 나타나서(쫄기는 아는 사람만 아는 제 친구예요.) 궁금증을 풀어 줄 사람을 알려 줬어요. 그 분은 무형 문화재인 '조선 왕조 궁중 음식' 기능 보유자 한복려 선생님이에요. 국가에서는 우리의 문화유산 가운데 보존해야 할 것들을 무형 문화재로 정해서 보호하고 있어요.

처음 '조선 왕조 궁중 음식'이 무형 문화재가 되었을 때는 '한희순 상궁'이 기능 보유자였대요. 한희순 상궁은 고종, 순종 임금이 먹을 음식을 만들던 주방 상궁이었어요. 조선의 마지막 주방 상궁이었죠. 2대 보유자는 황혜성 선생님인데요, 궁중 음식에 대해 열심히 공부하면서 '궁중 음식 연구원'을 세워 많은 사람들에게 궁중 음식을 알렸어요. 한복려 선생님은 3대 기능 보유자이고, 황혜성 선생님의 맏딸이기도 해요. '궁중 음식 연구원'에서 많은 사람들에게 궁중 음식을

애니의 블로그

❶ 황혜성, 한복려 선생님이 궁중 요리를 만들고 있는 모습.
❷ 조선왕실의 마지막 주방상궁, 한희순 상궁.

제대로 가르치고 있지요.

황혜성 선생님은 무척 바쁜 엄마였대요. 궁중 음식의 전수자로, 한희순 상궁에게 음식을 배우면서 학생들도 가르치고, 책을 쓰는 일도 했으니까 얼마나 바쁘셨겠어요. 그래서 어린 한복려 선생님은 가끔 어머니를 따라 연구실에 들르거나 취재에 따라 나설 때면 그렇게 설렐 수가 없었대요. 어머니를 따라서 자연스럽게 궁중 음식도 배우게 되었는데요, 황혜성 선생님은 '잘한다.'라는 말을 한 번도 안 하셨다지 뭐예요. 그러다가 한복려 선생님이 나이 예순이 넘었을 때에야 '제법 요리를 한다.'고 하셨대요.

지금도 한복려 선생님은 어머니이자 스승인 황혜성 선생님의 말씀을 가슴에 새기고 있었어요. '꾀가 들어가면 음식이 안 된다.', '정성 들여 제대로 해야 한다.', '재료를 귀하게 여겨라.'는 말이에요. 칼을 잡을 때는 재료한테 '너를 상하게 해서 미안하다. 하지만 맛있는 음

한복려 선생님이 차린 수라상. 김치, 국, 찜, 전골과 함께 열두 가지 반찬을 곁들인 12첩반상.

식으로 만들어 사람들을 이롭게 하겠다.'라고 이야기하셨대요.

궁중 음식은 전국에서 임금님께 올린 진귀한 재료들을 써서, 주방 상궁들이 정성껏 만든 한식의 최고 요리였다고 해요. 조선 시대에는 지금처럼 자동차나 비행기가 없었으니까, 자기가 사는 동네에서 나는 재료로만 음식을 만들 수가 있었죠. 딱 한 군데, 궁중에서만 팔도의 모든 재료를 써서 음식을 만들 수 있었어요. 부드럽고 소화가 잘 되게 다지고 잘라서 요리를 했지요. 상에 올라오는 음식의 요리법도 겹치지 않도록 했고요.

임금님은 음식을 먹으면서 만든 사람의 마음과, 음식이 올라오기까지 애쓴 수많은 사람들의 노력을 기억했대요. 아랫사람은 웃어른을 극진하게 모시는 마음을 가지고 음식을 만들고, 윗사람은 그 음식

애니의 블로그

을 먹으면서 아랫사람의 수고를 생각해 주는 배려가 깃든 음식이 바로 우리 한식의 참모습이라고 해요.

전통 음식을 고스란히 지키는 건 어렵지 않느냐고 선생님께 물었을 때, 한복려 선생님은 빙그레 웃었어요.

"어렵지. 그래서 좋은 우리 음식을 많이 먹어야 해. 그래야 그 맛을 기억하고, 또 먹고 싶거든. 만약 애니가 어떤 음식을 먹어 보고 또 먹고 싶으면 엄마한테 만들어 달라고 하겠지? 그럼 엄마는 너를 위해 그 음식을 만들 거고. 그러면서 우리 전통이 회복되고 또 이어지는 거란다. 어떠니? 어렵지만은 않겠지?"

나는 아주 크게 고개를 끄덕였어요.

한복려 선생님은 제 머리를 쓰다듬어 주셨어요.

"죽순채 먹어 봤니? 탕평채도 한번 먹어 보렴. 임금님도 즐겨 드셨던 음식이란다."

한복려 선생님을 만나서 참 많은 걸 배웠어요. 앞으로 밥상을 받을 때마다 임금님이 먹었던 음식을 내가 먹는다고 생각하면서 먹을 거예요. 그럼 꼭 내가 임금님이 된 기분이겠죠?

위는 죽순채, 아래는 탕평채. 탕평채는 영조 임금이 아이디어를 내어 만든 음식인데, 편을 가르지 말고 조화롭게 살자는 깊은 뜻을 담았다.

 예쁜 민선 '대장금'이란 드라마에 나온 궁중 음식을 모두 한복려 선생님이 만든 거라며?

 드래곤 궁중에 요리하는 상궁이 따로 있었던 거야?

└─ 애니 주방 상궁은 어렸을 때부터 음식 만들기 훈련을 받은 전문 요리사야!

사진 제공 궁중 음식 연구원

비빔빵햄버거? NO! 비빔밥햄버거? YES!

애니 (愛呢)

짠맛, 단맛, 신맛,
쓴맛, 매운맛, 모두 모은 맛!
우리 밥상의 참맛을 찾는
애니예요.

애니가 만난 사람
▶ 궁중 음식
  기능 보유자, 한복려

세계 속의 한식
▶ 비빔밥 햄버거
▶ 뉴욕의 한식당, 단지

양념 이야기, 인생 이야기
▶ 소금 장인, 박성춘
▶ 된장 장인, 정두화
▶ 식초 장인, 구관모

배워서 남 주자
▶ 풀무원 김치 박물관
▶ 떡 박물관
▶ 한국조리과학고등학교

　오늘은 신기한 비빔밥에 대해 알려 드릴게요. 들어는 봤나, 먹어는 봤나, 비빔밥 햄버거!

　보이세요? 햄버거의 빵과 빵 사이에 비빔밥이 들어 있어요. 정확하게 말하면 밥은 안 들어 있지만요. 신기하죠? 이 햄버거는 누가 만들었을까요? 평소에 햄버거가 무척 느끼하다고 생각했던 우리나라 사람 누군가가 비빔밥의 재료를 넣어 본 거라고 생각하지 않았어요? 비빔밥 햄버거라는 말을 들었을 때 저는 그렇게 생각했거든요. 그런데 아니에요. 이 햄버거는 미국 뉴욕에서, 미국인 요리사가 만든 햄버거라고요. 게다가 이 햄버거가 '미국 최고의 버거 대회'에서 최고의 햄버거로 뽑혔대요. 우리나라 비빔밥 재료가 그대로 들어간 햄버거가 미국 최고의 햄버거라니, 정말 기분 좋은 일이에요. 이름도 '비빔

애니의 블로그

밥 버거'랍니다.

그런데 비빔밥에 밥이 빠졌는데 비빔밥 버거라고 하는 건 좀 이상한데요? 정확히는 비빔빵이라고 해야 할 것 같아요. 그런데 쫄기가(제 친구 쫄기요. 아시죠?) 미국 사람들은 빵과 고기를 주로 먹으니까, 빵이 그 사람들에게는 밥이 아니겠냐고 했어요. 그렇게 생각해 보니까 비빔밥 버거라고 하는 게 맞을 것 같아요.

비빔밥 버거에는 콩나물, 당근, 시금치와 또 다른 채소들이 콩나물 크기로 다듬어져 들어갔어요. 나물들을 얹은 다음, 반숙으로 익힌 계란을 올리고 빵으로 덮었어요. 비빔밥 버거는 고추장 맛이 난대요. 햄버거에 들어가는 마스터드 소스나 케첩 대신 고추장을 썼으니까요.

비빔밥 햄버거를 만든 안젤로 소사 요리사가 한국 요리사들을 만나서 비빔밥을 만들었다.

양상추와 피망, 토마토 정도만 넣고 만들던 햄버거와는 달리, 비빔밥처럼 여러 채소를 고루 넣었다니 씹을 때마다 아삭아삭 발랄한 소리가 날 것 같아요.

그럼 이건 어떨까요? 비빔밥을 크레페에 넣고 돌돌 말아서 먹는 거예요. 아니면 쫄면에 스파게티 면을 넣거나 스테이크 옆에 각종 나물을 얹어 같이 먹는 거예요. 우아, 한식의 변신 가능성이 무궁무진한데요.

Hello! 헬로우		안젤로 소사 씨는 뉴욕에서 식당을 운영하는데, 비빔밥 버거가 인기 최고!
김초딩		우리나라에서도 팔았으면 좋겠다, 꿀꺽!

163

뉴욕에서 한식당 최초로 별이 뜨다

 애니 (愛呢)

짠맛, 단맛, 신맛, 쓴맛, 매운맛, 모두 모은 맛! 우리 밥상의 참맛을 찾는 애니예요.

애니가 만난 사람
▶ 궁중 음식 기능 보유자, 한복려

세계 속의 한식
▶ 비빔밥 햄버거
▶ 뉴욕의 한식당, 단지

양념 이야기, 인생 이야기
▶ 소금 장인, 박성춘
▶ 된장 장인, 정두화
▶ 식초 장인, 구관모

배워서 남 주자
▶ 풀무원 김치 박물관
▶ 떡 박물관
▶ 한국조리과학고등학교

❶ 은대구 조림. ❷ 갈비찜.

맛있는 음식을 먹으면 나도 모르게 별을 매겨요. 매콤 달콤 떡볶이는 별 4개, 코를 막게 하는 청국장 찌개는 맛은 별 2개지만, 몸에 엄청 좋으니까 별 4개. 이런 식으로요. 그런데 저만 이렇게 별을 매기는 게 아니었나 봐요. 얼마 전에 알았는데 식당의 요리를 맛보고 맛을 별로 평가하는 곳이 있대요. '미슐랭 가이드*'란 곳인데요, 거기에서 별을 따는 건 정말 하늘에서 별을 따는 것만큼 어렵다나요. 지금까지 한국 음식이 별을 받은 적은 단 한 번도 없다고 해요.

그런데 얼마 전 아주 반가운 뉴스를 들었어요. 미국 뉴욕에 있는 한국 식당 '단지(danji)'가 까다로운 '미슐랭 가이드'한테 별 하나를 받은 거예요.

'단지'라는 이름은 '꿀단지'에서 따왔대요. '단지'의 요리사는 후니 킴(한국 이름은 김훈) 아저씨예요. 한국식 된장찌개, 매운 골뱅이 무

애니의 블로그

침처럼 제대로 된 한식을 만들어요. 그런데 미국 사람들이 먹기에는 그 음식이 맵고 냄새도 심하지 않겠어요? 어떻게 먹을까 걱정스러웠지만, 단지의 손님들은 대부분 미국 사람들이라고 해요. '한국 음식이 이런 맛이구나.', '정성이 많이 들어가는 음식이구나.' 하면서 고개를 끄덕이며 먹는대요.

외국인들은 한식 상차림을 보고는 무슨 샐러드가 이렇게 많냐고 물어본대요. 한식에는 나물 요리가 많으니까요. 나물 요리를 샐러드 요리로 생각해서 그런가 봐요. 그래서 손님들에게 요리 재료가 무엇인지, 어떻게 먹는 건지 자세히 알려 준다고 해요.

초장을 얹은 회.

앞으로도 후니 킴 아저씨의 역할이 무척 클 것 같아요. 우리 음식을 맛보여 줄 뿐만 아니라 하나하나 제대로 알려 줘야 하니까요.

'단지' 아저씨! 앞으로도 맛있는 한식을 만들어 주세요! 바다 건너 한국에서 애니가 응원합니다.

미슐랭 가이드 | 식당에 대한 정보를 담은, 세계에서 가장 인정받는 잡지. 뛰어난 식당에 별을 매겨 등급을 정한다. 별은 3개까지 받을 수 있다.

 미나   근데 저 요리들 얼마쯤 할까?

    ↳ 애니   한 요리당 15불 내외. 우리 돈으로 16,000원쯤?

 후니 킴   미국에 오게 되면 꼭 들러서 우리 음식 맛보세요.

전통 방식으로 소금을 만드는 박성춘 아저씨

 애니 (愛呢)

짠맛, 단맛, 신맛,
쓴맛, 매운맛, 모두 모은 맛!
우리 밥상의 참맛을 찾는
애니예요.

애니가 만난 사람
▶ 궁중 음식
기능 보유자, 한복려

세계 속의 한식
▶ 비빔밥 햄버거
▶ 뉴욕의 한식당, 단지

양념 이야기, 인생 이야기
▶ 소금 장인, 박성춘
▶ 된장 장인, 정두화
▶ 식초 장인, 구관모

배워서 남 주자
▶ 풀무원 김치 박물관
▶ 떡 박물관
▶ 한국조리과학고등학교

우리 식구들은 이번 여름휴가를 소금밭에서 보냈어요. 웬 소금밭이냐고요? 제 말이 그 말이에요. 저는 파도 위에서 튜브를 타고 놀 수 있는 해수욕장에 가고 싶었다고요.

우리 식구는 목포까지 가서 또 2시간이나 배를 타고 전남 신안군 신의면이라는 곳에 도착했어요. 박성춘 아저씨네 소금밭을 찾아갔지요. 아저씨는 신안군이 뽑은 다섯 명의 소금 장인 중 한 명이에요. 멀리 쨍쨍 비추는 햇볕 아래서 소금을 모으는 아저씨가 보였어요.

소금이 만들어지는 광경을 눈앞에서 보니 정말 신기했어요. 소금만큼 기본 중의 기본이 되는 양념이 또 있을까요? 기본양념이라고 하는 간장과 된장, 고추장을 담글 때도 소금이 들어가고, 나물을 무칠 때, 김치를 만들 때도 소금이 들어가잖아요. 소금이 안 들어가는 요리는 거의 없다고 봐야죠.

소금밭 위로 바닷물이 하얗게 엉기자, 아저씨는 쓱쓱 소금을 걷어냈어요. 보기에는 쉬워 보였는데, 직접 해 보니 생각보다 어려웠어요. 자꾸 흙이 섞이지 뭐예요. 흙이 섞인 소금은 다시 녹여야 한대요. 역시나 좋은 소금은 그냥 만들어지는 게 아니었어요.

아저씨는 아버지가 하던 소금밭을 이어받아서 하는 거라고 해요. 아저씨의 아들도 대를 이어 소금을 만들려고 함께 소금 만드는 일을 하고 있어요. 아버지가 하는 일을 아들이 자랑스러워하고, 그 일을 이어받는 게 무척 좋아 보였어요.

아저씨네 소금밭에서 걷은 소금을 한 알 집어 먹었는데 짠맛 뒤에

애니의 블로그

단맛이 남았어요. 소금이 달다는 아저씨 말이 참말이라는 걸 알았죠. 햇살과 바람과 바다가 소금의 단맛을 내 주는 것 같아요. 물론, 땡볕 아래 쉴 새 없이 흘러내리던 아저씨의 땀도요.

아저씨네 소금으로 끓인 콩나물 국이 얼마나 맛있었는지 모르죠?

염전 위에서 소금을 모으고 있는 박성춘 아저씨. 옛날 방식대로, 다져진 흙 위에서 소금을 거둔다. 이걸 '토판염'이라고 한다. 흙이 섞이지 않게 소금을 건져 내야 하기 때문에 정성을 들여야 하고, 많은 양을 얻을 수 없어 귀하다. 토판염은 다른 소금보다 훨씬 달고 감칠맛이 난다.

봄이 아빠	요즘은 거의 검은 장판을 깔고 소금을 거둔다던데. 여기는 흙이네요.
구름떡	소금이 달다니, 어떤 맛일까?
미나	토판염! 일반 소금보다는 비싸겠지만 먹어 보고 싶다. ㅜㅠ

167

된장에 담긴 숭고한 정신, 정두화 할아버지

 애니 (愛呢)

짠맛 단맛 신맛
쓴맛, 매운맛, 모두 모은 맛!
우리 밥상의 참맛을 찾는
애니예요.

애니가 만난 사람
▶ 궁중 음식
  기능 보유자, 한복려

세계 속의 한식
▶ 비빔밥 햄버거
▶ 뉴욕의 한식당, 단지

양념 이야기, 인생 이야기
▶ 소금 장인, 박성춘
▶ 된장 장인, 정두화
▶ 식초 장인, 구관모

배워서 남 주자
▶ 풀무원 김치 박물관
▶ 떡 박물관
▶ 한국조리과학고등학교

우리 엄마는 된장을 무척 좋아해요. 아니, 좋아한다는 표현만으로는 부족한 것 같아요. 거의 매끼 된장으로 만든 찌개나 나물 무침 같은 것이 상에 올라오거든요. 건강에도 좋고 맛도 좋고, 된장만 한 게 없다는 말을 입에 달고 살지요.

이런 엄마가 오래전부터 가고 싶어 했던 곳이 경기도 양평에 있는 수진원이었어요. 수진원은 된장과 간장을 만드는 농장이에요. 엄마의 바람대로 우리 식구는 수진원에 된장을 맛보러 갔답니다.

수진원을 만든 분은 정두화 할아버지예요. 할아버지는 구두약을 만드는 '말표 산업'이라는 회사를 세운 분으로도 유명해요.

정두화 할아버지는 장맛이 점점 변해 가는 것이 안타까우셨대요. 그래서 제대로 된 장을 담그려고 농장을 세웠어요. 장을 만들 때는 깨끗한 볏짚이 필요하기 때문에 볏짚을 구하려고 손수 벼농사도 지었어요. 물론 된장의 재료인 콩 농사도 지었고요. 제대로 된 장을 담그기 위해 벼농사 콩농사까지 짓다니, 정말 대단하지요?

600개가 넘는 장독들도 할아버지가 전국을 돌아다니며 모은 거예요. 제대로 숨쉬는 항아리에서 된장과 간장을 보관해야 제맛이 나기 때문이래요.

수진원에는 담근 지 10년이 넘은 간장도 있었어요. 썩은 건 아닐까 염려하는 마음으로 살짝 맛을 보았지요. 그런데 오히려 짠맛은 덜하고 단맛이 강했어요. 간장은 오래될수록 더 좋은 맛을 낸다더니, 그게 정말인가 봐요.

애니의 블로그

아쉽게도 정두화 할아버지는 2006년에 돌아가셨어요. 그래서 지금은 아들인 정연수 아저씨가 농장을 맡고 있어요. 아저씨는 더 많은 사람들이 된장 담그는 법을 배웠으면 좋겠다고 말했어요. 제대로 된 된장을 만들기 위해 농사까지 지었던 정두화 할아버지의 뜻이 정연수 아저씨한테 그대로 이어지고 있었어요.

된장아, 된장아, 시간을 두고 천천히 맛있게 익어서 우리 집 밥상 위에 올라오렴!

❶ 수진원에 있는 600개가 넘는 장독.
❷ 지금은 돌아가신 정두화 할아버지.

 쿨쿨   10년 넘은 간장, 나도 먹어 보고 싶다.
  ┗ 애니   된장찌개 먹을 때마다 정두화 할아버지가 생각나.
 송미진   소금도, 된장도 대를 이어 만드는 모습이 무척 보기 좋네요.

몸을 살리는 식초를 만드는 구관모 할아버지

애니 (愛呢)

짠맛, 단맛, 신맛,
쓴맛, 매운맛, 모두 모은 맛!
우리 밥상의 참맛을 찾는
애니예요.

애니가 만난 사람
▶ 궁중 음식
  기능 보유자, 한복려

세계 속의 한식
▶ 비빔밥 햄버거
▶ 뉴욕의 한식당, 단지

양념 이야기, 인생 이야기
▶ 소금 장인, 박성춘
▶ 된장 장인, 정두화
▶ 식초 장인, 구관모

배워서 남 주자
▶ 풀무원 김치 박물관
▶ 떡 박물관
▶ 한국조리과학고등학교

항아리 속의 식초가 발효되고 있는 발효실.

　식초는 음식에 신맛을 낼 때만 필요한 건 줄 알았어요. 그런데 그게 아니더라고요. 저도 구관모 할아버지를 알면서 비로소 식초에 대해 제대로 알게 되었어요.

　구관모 할아버지의 식초 연구소에 들어서면 새콤한 냄새가 폴폴 풍겨요. 대뜸 입속에 침이 고이지요. 구관모 할아버지는 20년 동안 전통 식초를 연구하셨어요. 20년 전, 몸이 너무도 아픈데 약을 먹어도 낫지 않아서 식초를 만들기 시작했대요. 경남 합천의 산골에 들어가 5년이 넘게 연구한 끝에 제대로 된 식초가 탄생했다고 해요. 천연 식초를 만들려면 좋은 공기와 물이 반드시 필요하거든요. 할아버지는 식초를 먹으면서 병도 낫고, 다른 사람들의 몸도 생각하는 사람이 되었어요.

애니의 블로그

제대로 만든 식초는 요구르트보다도 훨씬 우수한 유산균이 생긴대요. 뛰어난 발효 식품이기 때문에 식초를 먹으면 피로가 풀리고 몸이 가벼워진다고 해요. 또 간의 피로를 풀어 주고 대장도 편안하게 해 주고요.

구관모 할아버지는 숨 쉬는 항아리에 가득 담긴 식초를 보여 주었어요. 한 개도 아니고 수십 개의 항아리에 식초가 담겨 있었어요. 그런데 할아버지가 갑자기 항아리를 들었어요. 그러고는 "초야, 너하고 나하고 백년 살자!" 하면서 흔들지 뭐예요. 식초가 되기 전에 끌어안고 살살 흔들면 발효가 잘 이루어진대요. 식초가 제대로 되면 작은 날파리가 날아드는데, 이걸 '초할머니'라고 불러요. 초할머니가 날아들어야 식초가 잘 되었구나 한대요.

잘 만든 식초 하나가 열 약 안 부럽다는 할아버지! 앞으로도 쭉 좋은 식초 만들어 주세요. 배불뚝이 저희 아빠의 다이어트를 위해서도요.

❶ 식초를 만드는 구관모 할아버지.
❷ 식초를 담는 항아리. 식초 발효에는 항아리가 무척 중요하다.

식초 사랑	식초를 그냥 먹기도 하는군요.	
방글방글	현미 송엽 식초, 다슬기 식초 등 종류도 무척 다양하던데요.	
↳ 애니	들어가는 재료에 따라 효능도 조금씩 달라요.	

신 나는 김치 구경, 풀무원 김치 박물관

애니 (愛呢)

짠맛, 단맛, 신맛, 쓴맛, 매운맛, 모두 모은 맛! 우리 밥상의 참맛을 찾는 애니예요.

애니가 만난 사람
▶ 궁중 음식 기능 보유자, 한복려

세계 속의 한식
▶ 비빔밥 햄버거
▶ 뉴욕의 한식당, 단지

양념 이야기, 인생 이야기
▶ 소금 장인, 박성춘
▶ 된장 장인, 정두화
▶ 식초 장인, 구관모

배워서 남 주자
▶ 풀무원 김치 박물관
▶ 떡 박물관
▶ 한국조리과학고등학교

오늘은 김치 구경 실컷 할 수 있는 곳을 소개할게요. 이곳에 가면 직접 김치를 담가 볼 수도 있답니다. 박물관에서 체험 행사를 하는 날짜를 잘 알아 놓았다가 신청해야 하니, 참가하실 분은 서두르세요!

서울 삼성동에 있는 김치 박물관에 다녀오면 김치 박사가 될 수 있어요. 아주 옛날부터 먹던 김치가 오늘까지 어떻게 변해 왔는지 한눈에 알 수 있거든요. 돌절구에 자배기, 양념을 갈 때 쓰던 '마자'라는 도구까지, 옛날에 김치를 만들 때 썼던 도구들도 한자리에 모여 있어요.

김치가 몇 종류나 될까요? 김치 박물관에는 김치의 종류대로 모형을 만들어서 전시해 놓았어요. 평소에 자주 먹는 배추김치, 오이소박이, 열무김치뿐만 아니라 해물김치, 꿩김치, 감김치 같은 독특한 김치들도 만나 볼 수 있어요. 이 김치들은 어떤 맛이 날지 무척 궁금해요.

참! 박물관을 돌다가 심장이 튀어나올 뻔한 일이 있었어요. 우리나라 지도가 그려져 있는 곳을 무심결에 눌렀다가 기절초풍하는 줄 알았어요. 강원도 부분을 눌렀는데 강원도 김치에 대한 설명이 흘러나오지 뭐예요. 지역별로 그 지역에서 먹는 김치를 설명해 준대요. 볼 거리도 많고, 들을 거리도 많은 곳이에요.

이제 김치를 만들어 볼 시간! 쓱싹쓱싹, 양념을 비벼 김치를 직접 만들었어요. 김치가 완성되었을 때, 어찌나 뿌듯하던지요. 이런 김치라면 맵다고, 맛없다고 투정 안 부리고 날마다 먹을 수 있을 것 같아요. 그리고 엄마가 얼마나 힘들여서 김치를 만드는지도 알았어요.

애니의 블로그

김치를 만드는 과정도 복잡하지만 들어가는 양념 종류도 무척 많아서, 양념 준비하는 것만도 무척 힘들 것 같았어요.

　　김치 박물관 덕에 저랑 창렬이가 김치 박사가 된 뒤로 엄마가 조금 힘들어 하세요. 김치 박사들이 밥상에서 말이 좀 많아야 말이죠.

김치 박물관
- **주소** 서울시 강남구 삼성동 159번지 코엑스몰 지하 2층
- **여는 날** 화요일~일요일, 오전 10시~ 오후 6시까지
- **쉬는 날** 매주 월요일
- **요금** 어른 3,000원, 초등학생 2,000원
- **문의** 02.6002.6456

❶ 시대별로 김치를 보여 주는 코너.
❷ 김장 모습을 재현한 모형.

애니		김치 종류가 정말 많아서 깜짝 놀랐어요.
총각김치		김치 한 번도 안 담가 봤는데. 체험 신청 해 봐야지.
창렬		내가 가장 좋아하는 김치는 오이소박이!

173

보기 좋은 떡이 맛도 좋은, 떡 박물관

애니 (愛呢)

짠맛, 단맛, 신맛,
쓴맛, 매운맛, 모두 모은 맛!
우리 밥상의 참맛을 찾는
애니예요.

애니가 만난 사람
▶ 궁중 음식
  기능 보유자, 한복려

세계 속의 한식
▶ 비빔밥 햄버거
▶ 뉴욕의 한식당, 단지

양념 이야기, 인생 이야기
▶ 소금 장인, 박성춘
▶ 된장 장인, 정두화
▶ 식초 장인, 구관모

배워서 남 주자
▶ 풀무원 김치 박물관
▶ 떡 박물관
▶ 한국조리과학고등학교

제 친구 쫄기는 절편처럼 생겼어요. 상상이 되시나요? 아쉽지만 상상이 안 되셔도 할 수 없네요. 쫄기한테는 비밀이 많거든요. 참! 절편이 뭔지는 알죠? 설마 모르는 사람도 있는 거 아니에요? 그럼 말이 나온 김에 절편이 뭔지 확실히 알 수 있는 곳을 소개할게요. 보기만 해도 군침이 꿀꺽 넘어가는 떡을 실컷 구경할 수도 있어요. 그곳은 바로, 떡 박물관이에요.

떡 박물관에 가면 입구부터 2층으로 올라가는 계단, 2층에서 3층으로 올라가는 계단에 눈이 휘둥그레질 만큼 예쁜 떡 사진이 붙어 있어서 침이 꼴깍꼴깍 넘어가요. 모양도 색도 얼마나 예쁘던지 떡을 다시 보게 되었지요.

떡 박물관에는 우리나라 세시 명절 때 만들었던 특별한 떡들이 전시되어 있어요. 아쉽지만 모형이랍니다. 진달래 화전, 송편, 느티떡들이 보기 좋게 놓여 있어요. 어떤 떡을 만들어 명절을 기념했는지 한 눈에 알 수 있지요. 또 하나, 인상적인 건 태어나서 죽을 때까지 사람이 일생을 사는 동안 특별한 날이 있잖아요. 돌이라든가 결혼식, 환갑 같은 날이요. 그런 날에 어떤 상차림을 했고, 어떤 떡을 만들었는지 살펴볼 수 있게 꾸며 놓은 거였어요. 정말 근사했답니다. 가서 보면 떡은 쌀로만 만든다는 생각을 버리게 될 거예요. 얼마나 들어가는 재료가 많은지 몰라요.

떡 박물관에서는 떡 만드는 체험을 할 수도 있어요. 저도 떡을 만들었는데 한 번도 만들어 본 적이 없어서 두근두근 가슴이 떨렸어요. 반

애니의 블로그

❶ 꽃산병.
❷ 떡 만들기 체험하기.
❸ 다양한 떡이 전시되어 있다.

떡 박물관
- **주소** 서울시 종로구 와룡동 164-2
- **여는 날** 월요일~일요일, 오전 10시~ 오후 5시까지
- **쉬는 날** 설날, 추석 당일
- **요금** 어른 2,000원, 초중고생 1,000원
- **문의** 02.741.5447

죽에 콩을 넣고 송편을 만들었어요. 조물조물 손으로 떡을 빚어 한입에 쏙 넣으니, 정말 꿀맛이었어요. 떡을 예쁘게 만들면 예쁜 딸을 낳는다던데, 나중에 제 딸은 얼마나 예쁠까요?

 날개 선생   여기, 떡 만들기 체험이 얼마인지 알 수 있어요?
 애니   초등학생은 1만 원이었어요. 가족 체험은 3만 5천 원이고요.
 장준석   그럼 애니, 너네 엄마는 떡 엄청 못 만드시겠다. ㅋㅋㅋ

한국 조리 과학 고등학교에서 만난 요리사들

애니 (愛呢)

짠맛, 단맛, 신맛, 쓴맛, 매운맛, 모두 모은 맛! 우리 밥상의 참맛을 찾는 애니예요.

애니가 만난 사람
▶ 궁중 음식 기능 보유자, 한복려

세계 속의 한식
▶ 비빔밥 햄버거
▶ 뉴욕의 한식당, 단지

양념 이야기, 인생 이야기
▶ 소금 장인, 박성춘
▶ 된장 장인, 정두화
▶ 식초 장인, 구관모

배워서 남 주자
▶ 풀무원 김치 박물관
▶ 떡 박물관
▶ 한국조리과학고등학교

김치 만들기 실습.

얼마 전, 떡볶이가 먹고 싶어서 만드는 방법을 검색하다가 사진 한 장을 발견했어요. 아직 어린 학생들인 것 같은데, 요리사 복장을 하고 김치를 담그고 있는 사진이었어요. 이게 뭘까 싶어서 여기저기 찾아보니, 조리 과학 고등학교 학생들이 수업을 하고 있는 모습이었어요. 음식 만드는 걸 배우는 고등학교가 있다는 게 너무 반가웠어요. 그래서 또 찾아가 보고야 말았지요.

한국 조리 과학 고등학교 실습실로 들어서자 흰 가운을 입은 언니 오빠들이 음식을 만들고 있었어요. 요리사 모자까지 쓰고 있으니 정말 요리사들 같지 뭐예요. 언니 오빠들은 채소를 다듬고, 재료를 칼로 썰고, 음식의 간을 보고, 설거지를 하기도 했어요.

학교에서는 한식, 중식, 일식, 양식을 다 배운대요. 어떤 요리가

애니의 블로그

자신의 적성에 맞는지 다양한 요리를 배우면서 알아 간대요.

학교에서는 요리만 배우는 게 아니라 영어, 일어, 중국어, 프랑스어 같은 외국어도 열심히 배워요. 세계 어디서나 음식 만드는 걸 배우고 즐겁게 요리하려면 그 정도는 필수라나요.

음식 만드느라 집중하고 있는 언니 오빠들한테 나중에 요리사가 될 거냐고 물어보았어요. 식당을 운영하고 싶은 사람도 있고, 의학 공부를 해서 음식과 연결하여 헬스 케어를 하고 싶다는 사람, 변호사가 되어 조리사들을 대상으로 일을 하고 싶다는 사람, 푸드 스타일리스트, 맛 컬럼니스트가 되겠다는 사람도 있었어요.

오늘 만난 언니 오빠 들은 모두 반짝반짝 빛이 났어요. 하고 싶은 일을 한다는 게 어떤 건지 알 것 같았어요. 앞으로 요리사가 되면 어떤 요리를 만들어 갈지 정말 기대가 됐어요. 또 알아요? 여기에서 한국을 대표하는 요리사가 나올지요.

❶ 고명을 올려 요리를 마무리하는 세밀한 작업.
❷ 수업 전 모두 손을 들고 조리학도의 선서!
❸ 각자 만든 요리를 평가하는 시간.

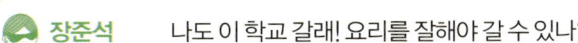
장준석   나도 이 학교 갈래! 요리를 잘해야 갈 수 있나?

└▶ 애니   일단 공부도 잘해야 되거든?

예쁜 민선   애니, 나도 요리 좀 가르쳐 줘.

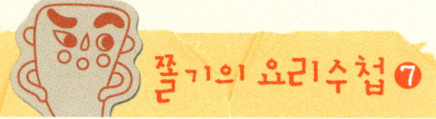 쫄기의 요리수첩 ❼

패스트푸드와 슬로푸드

애니는 햄버거랑 피자라면 자다가도 벌떡 일어날 정도로 좋아해. 다른 친구들도 마찬가지일 거야. 햄버거, 피자, 도넛 같은 음식은 만드는 데 시간이 많이 들지 않고, 금방 먹을 수 있지. 이런 음식을 패스트푸드라고 해. 패스트푸드를 먹으면 시간을 절약할 수 있어. 주문하면 바로 음식이 나오고, 금방 먹을 수 있기 때문에 바쁜 사람들한테는 대단히 고마운 음식이야.

하지만 패스트푸드를 찾는 사람이 많아지면서 생기는 문제들도 있어. 패스트푸드는 음식에 영양이 골고루 담겨 있지 않아. 햄버거만 보아도 채소는 양상추랑 토마토 정도만 들어가지. 반면에 고기와 빵, 달고 짠 소스는 많이 들어가서 균형 있는 영양소를 섭취할 수가 없어. 자극적인 맛 때문에 혀의 감각도 둔해지지. 반복해서 이런 음식을 먹다 보면 뼈가 약해지거나 비만이 되는 등 문제가 생겨.

패스트푸드의 가장 큰 문제가 신선하고 안전한 재료를 먹지 못한다는 거야. 원래 재료가

천천히, 건강하게!
우리집 밥상은 슬로푸드란다.

　무엇이었는지 알 수 없는, 정체 모를 음식들이 너무 많거든. 햄버거 속에 들어가는 다진 고기에는 무려 400마리 소에서 나온 고기가 섞인 경우도 있었어.
　패스트푸드와 반대되는 음식을 슬로푸드라고 해. 패스트푸드에 비하면 슬로푸드는 만들기도 힘들고, 먹는 데에도 시간이 걸려. 하지만 재료가 무엇인지 분명히 알 수 있고, 어떤 방식으로 만들어졌는지도 알 수 있지. 재료의 맛을 충분히 살리는 요리들이 많기 때문에 몸에 필요한 영양소를 많이 섭취할 수 있어. 이런 음식을 먹다 보면 먹을거리를 제공해 준 자연과 사람들에게 고마운 마음을 가지게 돼.
　한식은 대표적인 슬로푸드야. 곡물이나 채소 같은 자연 재료의 맛을 충분히 살려 만든 음식들이 많거든. 세계 여러 나라에서 한식에 주목하는 이유도 한식이 슬로푸드의 여러 좋은 점들을 골고루 갖추고 있기 때문이야.

자연과 조화롭게 살아가는 법

어떤 반찬을 좋아해? 밥상에 고기나 부침이 없으면 밥을 잘 먹지 않는 친구들도 꽤 있지? 우리 전통 한식에는 고기를 이용한 음식이 그다지 많지 않아. 고기는 고명 정도로 쓰였고, 그나마도 쓰이지 않는 경우가 많았어. 우리나라에는 다양한 채소가 많이 자라기 때문에 산과 들에서 자라는 풍성한 채소들로 음식을 만들었지. 그러다 최근에는 고기를 불에 구워 먹는 사람들이 늘어났어. 삼겹살이나 갈비, 스테이크 같은 것 말이야. 그러다 보니 점점 먹는 채소만 먹게 되고 옛날부터 우리가 먹어 오던 나물이나 열매는 먹지 않게 되었어.

식탁에 오르는 채소 숫자가 적을수록 몸으로 흡수하는 영양소도 줄어들지. 이뿐 아니라 안 먹는 채소는 키우지 않게 되니까 우리 먹을거리에서 점점 사라지게 돼.

밥상을 건강하게 만드는 책임은 그 밥상을 차리는 사람뿐만 아니라, 먹는 사람들한테도 있는 것 같아. 오늘은 어떤 음식을 먹을까 고민하면서 한 번쯤 떠올려 봐. 어떤 채소를 먹을까, 그 채소는 어떤 사람들이 먹었을까, 외국에서 수입된 것일까, 어떻게 만들까를 생각해 봐. 우리 선택이 자연에서 사라지는 먹을거리를 살리고 더불어 우리 몸을 살릴 거야.

싫어하는 음식 적어 보기

싫어하는 음식이 있어? 애니도 맛이 이상하다, 감촉이 이상하다, 냄새가 이상하다고 하면서 안 먹는 음식이 어찌나 많던지. 싫어하는 음식이나 재료를 적어 볼까? 나중에 그 음식이 밥상에 올라오면 무조건 싫다고 할 게 아니라 먹어 보는 노력은 해 볼 수 있도록 말이야.

애니의 소곤소곤 비밀요리 7

가래떡 피자

우리가 오래전부터 먹던 재료나 요리법에 외국에서 들어온 재료나 요리법을 섞어 만들면? 이것이 바로 퓨전! 애니가 추천하는 오늘의 퓨전 요리는, 가래떡 피자!

재료

가래떡 세 줌, 고구마 한 개 또는 단호박 반 개, 피자 치즈, 붉은 피망 반 개, 초록 피망 반 개, 꿀

만드는 법

❶ 납작납작하게 썬 가래떡을 물에 불린 뒤 체에 받쳐 물을 빼. 가래떡이 딱딱할 때는 뜨거운 물에 불려.

❷ 붉은 피망과 초록 피망을 납작납작 썰어.

❸ 고구마나 단호박을 쪄서 껍질을 벗긴 다음 뜨거울 때 으깨고 꿀을 넣어.

❹ 그릇에 말랑말랑한 가래떡을 깔고, 으깬 고구마나 단호박을 올려.

❺ 그 위에 썰어 둔 피망을 얹고 피자 치즈도 듬뿍 뿌려.

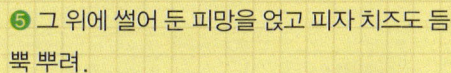
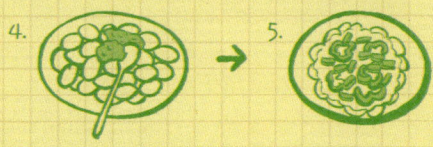

❻ 전자레인지에 넣고 치즈가 녹을 때까지 가열해. 전자레인지가 없다면 4번, 5번을 프라이팬에 올리고, 뚜껑을 덮은 뒤 작은 불에 익혀.

❼ 쫀득쫀득 가래떡 피자 완성! 피자는 젓가락으로 집어 먹으면 돼.

주영하 선생님이 들려주는 한식 이야기

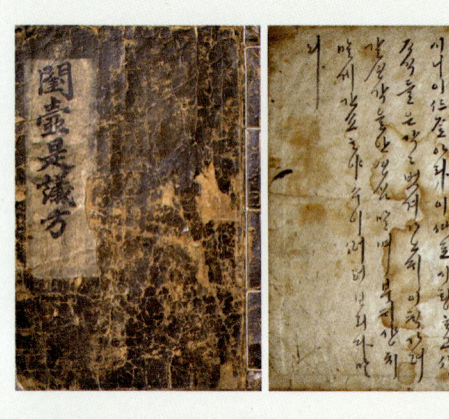

"이 책을 이렇게 눈이 어두운 데 간신히 썼으니, 이 뜻을 알아 이대로 시행하고, 딸자식들은 각각 베껴 가되, 이 책을 가져갈 생각일랑 절대로 하지 말며, 부디 상하지 않게 간수하여 빨리 떨어져 버리게 하지 마라."

▲「규곤시의방」 경북대학교 도서관 소장 자료

　이 글은 지금으로부터 340여 년 전에 쓰인 글입니다. 글쓴이가『규곤시의방(閨壼是議方)』이라는 책을 쓰고 마지막에 이 글을 덧붙여 놓았습니다. 책 제목이 한자로 쓰여 있어 무슨 뜻인지 알 수가 없지요? 한자 그대로를 요사이 우리말로 풀어 보면 '부인들이 거처하는 안방에서 알려 주는 방법' 이라는 뜻입니다. 자신이 쓴 책을 딸들에게는 가져가지 말고 베껴 가라고 하고, 상하지 않게 잘 간수하라고 당부하는 이 글은 누가 쓴 걸까요? 경상

▲ 장계향 초상화

북도 안동시에서 태어났던 장계향(1598~1680)이란 부인입니다.

이 책의 제목은 한자로 쓰여 있지만 책을 펼치면 내용이 한글로 적혀 있습니다. 첫 장에 나오는 글은 '음식디미방 면병류'입니다. '음식디미방'은 '음식의 맛을 내는 방법'이라는 뜻이니, 이 책은 그 당시의 요리책이라고 할 수 있습니다.

책 속에는 '국수와 만두, 떡 만드는 법' 18가지와 '생선과 고기를 재료로 한 음식' 74가지와 '술과 누룩을 만드는 방법' 54가지가 적혀 있습니다. 이 54가지 가운데 식초를 만드는 법 3가지를 제외하면 51가지가 모두 술을 빚는 방법입니다.

장계향은 밥과 국, 그리고 간장이나 짠지와 같은 음식을 만드는 방법에 대해서는 책에 적지 않았습니다. 이것은 부인이면 누구나 할 수 있는 일이라 생각했기 때문이지요. 그보다는 집에 손님이 오면 대접해야 할 음식과 조상 제사 때 마련해야 하는 음식을 만드는 방법이 이 책의 주인공입니다.

왜냐고요? 장계향은 양반집의 부인이었기 때문이지요. 지금과 달리 조선 시대 양반집에는 손님이 많이 찾아왔습니다. 특히 장계향의 남편이었던 이시명(1590~1674)은 제자가 많았는데, 그들은 주로 집에 와서 공부를 했습니다. 제자뿐만 아니라, 이시명과 토론을 하려고 집에 찾아오는 학자들도 많았습니다. 그들이 집에 머무는 동안 맛있는 음식을 대접해야 남편의 얼굴이 서지 않았겠어요?

 더욱이 종가의 부인이었던 장계향은 한 달에 한 번 이상씩 조상의 제사를 모셔야 했습니다. 당시 사람들은 조상에게 가장 맛있는 음식을 대접해야 한다고 생각했습니다. 제사 때는 친척들도 많이 참석했습니다. 제사에 올린 음식은 제사가 끝나면 참석자들이 모두 함께 나누어 먹었습니다. 이때도 음식 맛이 좋아야 했겠지요? 이런 까닭으로 장계향은 손님에게 대접하는 음식과 제사에 올릴 음식 만드는 방법을 책에 적어 두었답니다.

 그렇다면 장계향은 음식 만드는 법을 어떻게 적었을까요? 요리책에는 만드는 방법을 순서대로 적었을 뿐, 요사이처럼 재료, 분량, 만드는 차례를 1, 2, 3 번호를 매겨 적지 않았습니다. 마치 어머니가 며느리나 딸에게 이야기를 하듯이 적었습니다. 비록 얼마만큼의 분량으로 얼마 동안 삶고 쪄야 하는지가 자세히 나와 있지 않지만, 이렇게 적어 두면 모두가 알아들었습니다. 요리 순서에서도 가장 중요한 내용만을 적어 두었으니, 일종의 비법인 셈이지요.

 이 책 말고도 조선 시대 부인이 쓴 요

> 고려 시대 이후에 한반도에 살았던 사람들은 보통 하루 두 끼의 식사를 했대. 대부분의 사람들은 보리나 조를 섞은 밥을 먹었고, 반찬도 서너 가지가 전부였지. 간장이 가장 중요한 반찬이었어.

리책은 또 있습니다. 지금의 서울 옥수동에 살았던 빙허각 이씨(1759~1824)라는 분이 쓴 책입니다. 불행하게도 장계향처럼 본명이 밝혀지지는 않았습니다. 책의 내용은 한글로 쓰였지만, 책 제목은『규합총서(閨閤叢書)』입니다. 여기에서 '규합'은 '안방'을 가리킵니다. 곧 '안방에서 필요한 여러 가지 지식을 책으로 묶었다'는 뜻이지요. 제목에 걸맞게 음식 만드는 방법, 옷 짓는 방법, 질병을 다스리는 방법 등의 내용이 책에 들어 있습니다.

그중 음식 만드는 방법을 적은 부분에는『규곤시의방 · 음식디미방』과 마찬가지로 술과 특별한 음식을 만드는 방법이 주로 적혀 있습니다. 그래도 약이 되는 밥과 죽, 그리고 미음인 '의이' 만드는 방법도 나와 있습니다. 팥물밥, 오곡밥, 약밥, 타락죽, 우분죽, 율무의이, 호도죽과 같은 음식입니다.

『규곤시의방 · 음식디미방』이 장계향 자신이 직접 익힌 방법과 주위로부터 듣고 만들어 본 방법을 적어 놓은 것이라면,『규합총서』는 빙허각 이씨 본인이 익힌 방법뿐만 아니라, 중국과 조선의 앞선 책에 나오는 요리법을 함께 적어 두었습니다. 그러니 당시에 알려진 맛있는 음식 만드는 방법이 모두 들어 있는 셈이지요.

앞의 두 책은 모두 부인이 직접 붓으로 쓴 책입니다. 그런 탓에 이 두 책을 직접 본 사람은 아들이나 며느리 혹은 딸뿐이었습니다. 그야말로 집안

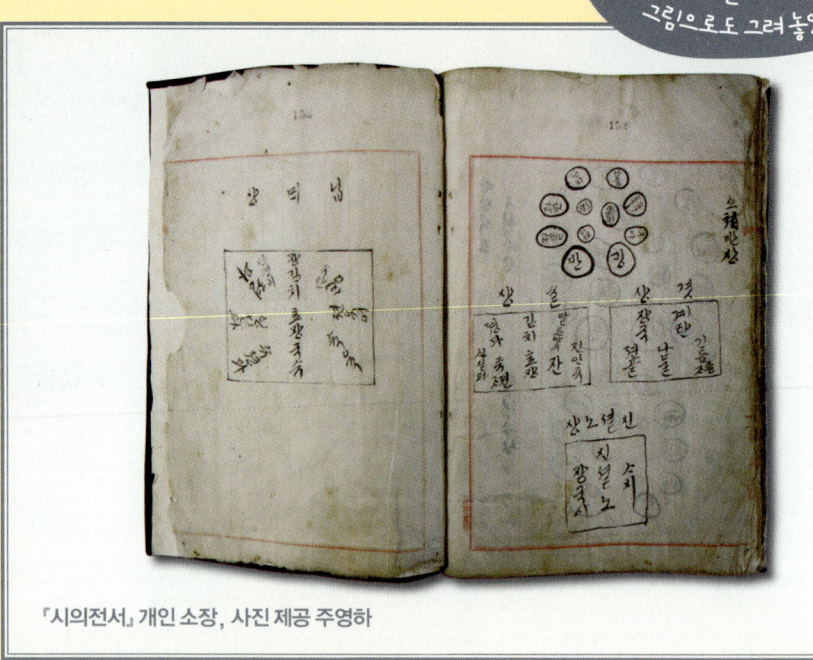

『시의전서』 개인 소장, 사진 제공 주영하

대대로 이어진 요리책이지요. 아마도 이 두 책뿐만 아니라 제법 많은 집에서 이런 요리책을 후손들에게 전했을 것이라 여겨집니다. 하지만 아직까지 발견된 책은 별로 많지 않습니다.

원본은 아니지만 그것을 베껴 쓴 책이 또 한 권 전해지고 있습니다. 바로 『시의전서(是議全書)·음식방문(飮食方文)』입니다. 이 책 역시 앞의 두 책과 마찬가지로 한글로 쓰였습니다. 다만 다른 점은 간장, 회, 떡, 김치, 면, 약식, 밥, 만두, 화채, 미음, 전골, 죽, 구이, 포, 찜, 좌반, 전, 나물, 탕, 조치, 정과, 편, 조과, 생실과, 약주 등과 같이 오늘날 한국 음식을 만드는 방법 대부분이 이 책에 들어 있습니다. 심지어 밥상을 차리는 방법까지도 그림으로 그려져 있습니다.

 이 책은 대한제국 때부터 관료를 했던 심환진(1872~1951)이 1915년에 경상북도 상주 군수로 부임하여 그곳의 양반집에 전해 내려오던 요리책 하나를 빌려서 종이에 베껴 둔 것입니다. 베껴 쓴 『시의전서·음식방문』은 그의 며느리 홍정(1903~1955)에게 전해졌습니다. 홍정은 이 베껴 쓴 책을 자신의 조카에게 주었고, 그것이 다시 학자에게 전해져서 세상에 알려졌습니다.

 『규곤시의방·음식디미방』에는 글씨가 쓰이지 않고 비워져 있는 장이 있습니다. 아마도 장계향이 혹시 또 적어야 할 내용이 있으면 쓰려고 비워 두었겠지요. 여러분도 지금부터 할머니나 어머니가 만들어 주는 음식을 맛만 보지 말고 만드는 방법을 적어 보면 어떨까요? 조선 시대 때는 여자뿐만 아니라, 남자가 적은 요리책도 있었답니다.

 자! 이제부터 각자 집안의 요리책을 만들어 봅시다. 그리고 그것을 대대로 이어 주는 일을 해 봅시다. 어쩌면 맛도깨비가 그 책 속에 숨어 들어와 식구들이 더욱 건강하고 행복해지지 않을까요?

한국학중앙연구원 교수 주영하

도움 주신 분들

구관모(구관모천연식초연구소)
김정은(김치박물관)
김주연(국립민속박물관)
김훈(단지)
박성춘(전라남도 신안군 신의면)
이소영(궁중음식연구원)
이재구(경북대학교 도서관)
정흥규(해바랑)
조귀분(음식디미방)
주영하(한국학중앙연구원)
최한나(떡박물관)
한복려(궁중음식연구원)
허훈(한국조리과학고등학교)
홍준석(저동초 5학년)
홍지은(저동중 3학년)

참고 자료

《과식의 종말》, 데이비드 A. 케슬러, 문예출판사, 2010
《독소 – 죽음을 부르는 만찬》, 윌리엄 레이몽, 랜덤하우스코리아, 2008
《민물고기 도감》, 박소정, 보리, 2007
《산가요록》, 한복려, 궁중음식연구원, 2007
《쉽게 맛있게 아름답게 만드는 한과》, 한복려·정길자·한복진, 궁중음식연구원, 2000
《슬로푸드》, 카를로 페트리니, 나무심는사람, 2003
《양념은 약이다》, 박찬영, 국일미디어, 2010
《우리 음식 백 가지 1》, 한복진, 현암사, 2005
《우리 음식 백 가지 2》, 한복진, 현암사, 2005
《음식 인문학》, 주영하, 휴머니스트, 2011
《음식전쟁 문화전쟁》, 주영하, 사계절, 2000
《위험한 식탁》, 존 험프리스, 르네상스, 2004
《전통김치》, 안용근, 교문사, 2008
《조선시대의 음식문화》, 김상보, 가람기획, 2006
《조선왕조 궁중음식》, 한복려·정길자, 궁중음식연구원, 2003
《지상의 모든 음식은 어디에서 오는가》, 게리 폴 나브한, 아카이브, 2010
《지혜로운 우리 음식》, 김규석, 미술문화, 2008
《한국생활사박물관 7, 8, 9, 10, 11》, 한국생활사박물관 편찬위원회, 사계절, 2002
《한국음식 오디세이》, 정혜경, 생각의 나무, 2007
《한국의 나물》, 한국의 맛 연구회, 북폴리오, 2004
《한국의 산나물》, 자연을 담는 사람들, 문학사계, 2010
《한국인에게 밥은 무엇인가》, 최준식·정혜경, 휴머니스트, 2004